MINCE ALORS !

Maigrir avec plaisir

DOCTEUR GÉRARD R. KARSENTI

MINCE ALORS !

Maigrir avec plaisir

BERNARD GRASSET

PARIS

A ma femme, parce que 1,76 m et 60 kg...
Sa silhouette a paré des couvertures
de magazines ; des femmes se sont mises
au régime à cause d'elle ;
parce qu'elle n'a jamais fait de
régime... mais se nourrit très bien ;
et tout simplement par amour.

A mes parents, parce que, né après la
guerre j'ai pu connaître tout ce qui leur
avait manqué, et même un peu plus...
et aussi par amour.

A mes patients, parce que femme ou
homme, grand ou petit, blond ou brun,
gros ou maigre, ils illustrent nos différences génétiques, et m'ont tous apporté
quelque chose.

Préface

On sait mieux trouver ce que l'on sait chercher. Aussi ce manuel vous instruira, par touches successives pleines d'humour, car son auteur Gérard Karsenti sait vous retenir en vous amusant.

Vous comprendrez, simplifiés par la verve de l'auteur qui est un professionnel, les mécanismes vous incitant à redresser quelques travers de base, bien instaurés par les habitudes familiales et complétés par les vicissitudes du labeur quotidien. J'ai appris cela à trente ans, conseiller technique chez Gayelord-Hauser et Colette Lefort : toujours se mettre en situation alimentaire par rapport à l'énergie des gestes.

Combien en ai-je vus, durant les trente années suivantes, de ces esclaves du quotidien repas d'affaires au point de n'avoir plus le soir de convivialité familiale ? A l'inverse, l'adaptation humaine est sans bornes dans les conditions de nécessité : le grand nomade au désert sait se faire un petit en-cas en chipant les provisions d'une fourmilière; cela tient dans le creux d'une paume mais il a gratté deux heures le sol de rocaille; c'est bien sûr très énergétique.

Admirons le paysan breton au XIXᵉ siècle : trois soupes par jour de Toussaint à Pâques, lard, chou et lait, pain de seigle, crêpes; deux autres à 10 et 15 heures à la belle saison, six repas à la moisson : bouillie de blé noir ou d'avoine grillée au four avec deux livres de beurre dans un trou remué au centre du chaudron (le beurre avait cessé d'être proscrit en carême depuis le XVIᵉ siècle). Lait à volonté, doux, caillé, ribot. Viande parcimonieuse mais on oublie le lard à discrétion.

Diététique vient de δίαιτα, en grec, le genre de vie, l'ensemble des habitudes du corps et de l'esprit, du goût et des mœurs, et curieusement par extension veut dire aussi arbitrage : à vous d'entrer dans le jeu !

Professeur Régis A. Thierrée.

Avant-propos

Du temps de Balzac, être gros était un symbole de réussite (cela est toujours vrai dans certains pays en voie de développement), de nos jours, le surpoids nous met un peu au ban de la société. Nous sommes quotidiennement abreuvés d'images vantant le culte du corps et de la forme : jogging, aérobic, vélo, alimentation saine, médecines douces, etc., une mode qui comme souvent nous vient des États-Unis et qui a au moins le mérite, en nous faisant prendre conscience de notre corps, de nous faire redécouvrir la plus douce et la plus naturelle des médecines, la diététique. S'il est vrai que l'on voit aux USA ces obèses caricaturaux inexistants (encore) en France, enfants de la surconsommation d'un produit qui « ne coûte pas cher mais peut rapporter gros » : le sucre, il est vrai aussi que l'on y rencontre la population la plus saine du globe. Mince (...) consolation, ce qui se passe là-bas arrivera ici, bientôt on verra quelques hyper-obèses (enfants du sucre et de la graisse) voisiner avec des hyper-minces (enfants de la prise de conscience diététique). Nous n'avons pas encore d'hyper-obèses mais une population qui bon an mal an prend du poids et s'enrobe doucement.

Au début du XXᵉ siècle la moyenne de vie était de 45 ans. A cet âge-là les gens étaient vieux et se trouvaient vieux. De nos jours, les progrès de l'hygiène, de la prévention et de la médecine ont porté notre espérance de vie à 71 ans pour les hommes et 79 ans pour les femmes. On parlait de troisième âge, on parle maintenant de quatrième âge. La diététique, par le contrôle de notre poids et par la connaissance de ce que nous mangeons, peut encore nous permettre non seulement d'augmenter cette espérance de vie mais surtout de vivre beaucoup mieux, à l'abri d'un certain nombre d'accidents et d'incidents.

Ce n'est que depuis une quinzaine d'années, après que les Occidentaux se sont à nouveau mis à engraisser, que le corps médical s'est réellement penché sur le problème du surpoids. Jusque-là, les rares écrits sur le sujet recelaient les idées les plus extravagantes. Les temps ont-ils changé ? Pas tant que ça. Actuellement paraissent chaque jour (et surtout au printemps) articles, communications, notes, mises au point et reportages fourmillant de théories, contre-théories, affirmations et infirmations sur les régimes et le surpoids. Mais où est la vérité ? Comment faire le partage entre ce qui est certain et ce qui est incertain ?

Il existe bien un consensus sur l'utilité de la prise en charge diététique et le danger de certains médicaments, mais, curieusement, chacun y va de sa petite recette miracle à base de pommes, ananas ou cosses de rutabaga, de la même façon que Monsieur Jourdain faisait de la prose sans le savoir. Existe-t-il une autre spécialité médicale où les non-médecins aient des avis si péremptoires ? Un grand professeur s'était amusé à comparer l'obèse à un tableau de musée car, selon lui, personne au monde n'entend prononcer plus de stupidités ni de contre-vérités... Dans le domaine de l'excès de poids, jusqu'à ces dernières années, le discours médical était fort simple : « Toute obésité est la résultante d'un bilan énergétique excédentaire, donc d'excès alimentaires imposant une restriction calorique. » En clair, le gros était quelqu'un qui mangeait trop, son obésité devait être réduite par un régime alimentaire res-trictif, le rôle du médecin étant de motiver son patient et de le persuader que son excès de poids lui faisait encourir des risques pour sa santé.

Heureusement un certain nombre de facteurs sont venus nuancer les discours des thérapeutes, les rendant plus hum-bles dans leur approche du problème. Il pouvait être dan-

gereux de faire maigrir certains boulimiques et ils s'aper-
çurent que toutes les obésités n'étaient pas identiques. Les
statistiques aidant, on s'est rendu compte que le régime
restrictif bénéficiait certes de résultats satisfaisants à court
terme mais précaires à long terme. Personne aujourd'hui
ne conteste le fait qu'un régime amaigrissant n'est qu'un
feu de paille s'il n'est pas le prélude à un changement radi-
cal du comportement alimentaire. C'est à ce niveau que
le médecin diététicien intervient, tant en fonction des problèmes spécifiquement organiques qu'en fonction des problèmes psychologiques. Autrement dit, si hier le corps
médical mettait tous les obèses dans le même sac,
aujourd'hui on prend en considération le profil médical
et psychologique de chacun.

I

Pourquoi grossit-on ?

1
Qu'est donc devenu notre instinct?

On nous l'a suffisamment répété, les animaux ont un instinct, l'homme se contente de pulsions. C'est peut-être beaucoup plus chic, c'est en tout cas beaucoup plus dangereux. Cet instinct alimentaire nous le possédons encore bébé ou petit enfant puis il disparaît, s'évanouit, noyé dans les habitudes sociales et les impératifs divers. Nous verrons cependant qu'il refait surface en cas de grand stress (choc amoureux par exemple) pour nous aider à choisir ce dont nous avons besoin dans les aliments, pour nous remonter.

Les animaux, eux, possèdent cette faculté de choisir spontanément leur nourriture en fonction des besoins de leur espèce. Intelligence appelée instinct, souvenirs héréditaires, cerveau primitif, les animaux mangent à leur faim ce qui leur convient... puis s'arrêtent. Il est intéressant de noter qu'il n'existe pas d'animal obèse. Je parle, bien sûr, d'animaux sauvages, en liberté, pas de ceux qui ont perdu l'instinct du chasseur et que l'on gave de biscuits et de boulettes en conserve.

L'homme adulte a perdu cette précieuse aptitude qu'est l'instinct de manger ce qui lui convient. Les bébés, à l'abri de la communication orale et visuelle, sont souvent mieux orientés sur leurs besoins que ne le sont les mères. On en voit régler exactement leur ration en fonction de leurs besoins et refuser une partie des biberons offerts, de même que certains jeunes enfants préfèrent le pain complet au pain blanc (dénaturé). Face à notre instinct perdu, nous reste la Connaissance nous permettant de comprendre, et que nous pouvons transmettre à nos enfants...

Notre corps, véritable usine, subsiste grâce aux éléments chimiques fournis par les aliments. Notre nourriture doit être variée car nous devons apporter à l'organisme toutes les substances qu'il est incapable d'élaborer lui-même (environ 45) et qui sont les matières premières indispensables à toutes les autres. Si tel ou tel élément nutritif vient à manquer dans notre alimentation, peu à peu s'installent des troubles dits de carence dont certains sont bien connus et faciles à repérer comme les hypovitaminoses et avitaminoses (scorbut, rachitisme). Nous avons mis plus de temps pour établir un rapport entre cancer et alimentation et si l'idée n'en a été admise que récemment, elle n'est plus contestée. Mais bien avant cela, notre alimentation a suivi une évolution constante.

Les peuplades primitives mangeaient essentiellement cru : racines et fruits sauvages, insectes, produits de la pêche et de la chasse. Avec la découverte du feu, l'alimentation s'est diversifiée. La cuisson a altéré certaines des propriétés des aliments, à notre insu bien sûr. Par la suite, l'apparition des cultures et l'élevage du bétail, garde-manger sur pattes, ont apporté une plus grande tranquillité d'esprit. Les famines disparurent avec l'apprentissage de la conservation des aliments et le développement des moyens de transport. Nous voici, aujourd'hui en Occident, installés dans un confort alimentaire inconnu jadis.

Aux famines et infections ont succédé des maladies dites dégénératives et du surpoids touchant de plus en plus de personnes. Les progrès de la médecine et de l'hygiène ont enrayé les maladies infectieuses et épidémiques, les progrès d'un certain confort ont apporté les maladies de civilisation, autrefois inconnues ou rares, apanage d'une certaine classe aisée. Longtemps les paysans, nourris plus frugalement, ont représenté la réserve de santé des peuples. Depuis l'amélioration de ses conditions de vie, le paysan, comme le citadin, se met à souffrir de ces mêmes maladies dégénératives. Il y a deux générations de cela, le paysan consommait peu de viande (luxe), se nourrissait de produits de son sol, légumes du jardin, fruits du verger, blé de son champ, huile pressée à froid et non raffinée, le beurre n'apparaissant à table que le dimanche et les jours de fête. Aujourd'hui son standard de vie a changé. Beurre, charcuterie, viande et fromage à tous les repas, farine blanche stockée des mois, épicerie à portée de tracteur ou de mobylette. Les mœurs alimentaires ont évolué parallèlement à la ville et à la campagne.

Diable ! Nous voilà tous touchés par l'excès de poids et les maladies dégénératives. La cause ne peut donc être que commune. On met souvent en cause l'environnement, la pollution des villes, la sédentarité mais cela ne concerne que certains d'entre nous, seule la modification des mœurs alimentaires nous touche tous.

Le problème d'aujourd'hui est que nous sommes persuadés que nous nous alimentons correctement. Les patients que je vois, après avoir dénoncé leurs excès évidents en nourriture « grossissante » (pâtes, pain, gâteaux, vin) me disent : « Mais, docteur, je m'alimente normalement. » Effectivement, dans l'esprit de beaucoup, s'alimenter normalement c'est consommer ce qui est offert en abondance au restaurant et dans les supermarchés. Le Français, au contraire de certains Américains, s'interroge très peu sur sa façon de se nourrir. S'alimenter normalement, pour lui, c'est prendre le menu du restaurant ou répondre aux impératifs publicitaires de la télévision et de la radio. Cela dit, à notre décharge, nous avons très peu de moyens d'être informés sur la qualité de ce que nous mangeons.

S'informer constamment sur la valeur et la composition de chaque aliment relève d'un véritable parcours du combattant et implique un mode de vie difficilement compatible avec celui du jeune cadre dynamique, citadin par définition, et n'ayant pas tendance à être baba cool. En effet, seuls font réellement bien les choses (ou plutôt croient bien les faire) quelques écolos retranchés dans les Ardennes, ou quelques marginaux à la ville. Marginaux fatalement car décider de se mettre à l'abri de notre « bouffe » industrielle implique de ne plus aller au restaurant, cantine et autre fast-food, ce qui est peu pratique. Sortir son sandwich de pain complet le midi, les pieds sur le bureau, n'a qu'un temps.

Alors... eh bien il faut s'attendre dans les années à venir à ce que les pouvoirs publics sévissent et surveillent réellement de très près les excès de la nourriture que l'on nous propose tout en éduquant les générations futures. En attendant, à défaut d'être des purs et durs de la diététique (ce qui est profondément ennuyeux), il nous faut apprendre à déjouer les pièges cachés ou non de notre abondante nourriture.

2
La mauvaise alimentation de l'enfant

Le premier danger, tout au moins le plus visible de la mauvaise alimentation, est la prise de poids avec son évolution ultime, l'obésité. Une obésité peut survenir à n'importe quel âge et, favorisée ou non par des circonstances psychologiques, elle découle généralement d'excès alimentaires ou, plutôt, d'erreurs alimentaires.

Souvent le terrain est préparé très tôt dans l'existence, dès la quatorzième semaine de vie fœtale puis pendant les premières années de la vie. Une mauvaise alimentation de la mère d'abord, du nourrisson ensuite (alimentation trop sucrée, trop abondante...), peut favoriser une obésité future.

L'enfant, pas encore adulte, est donc encore innocent. Ce sont ses parents et surtout sa mère qui sont fautifs, hélas! Ces pauvres petits obèses sont victimes d'une suralimentation imposée dès la plus tendre enfance. On peut s'interroger sur les mobiles qui poussent une mère à suralimenter délibérément son nourrisson, suralimentation d'autant plus grave qu'elle aura une influence déterminante sur tout le comportement alimentaire futur. Soyons cependant tolérants en disant que si le comportement parental est nuisible, il procède plus d'une méconnaissance que d'une volonté sadique. Le fait est tout à fait monstrueux mais de nombreuses mères fabriquent le plus innocemment du monde des enfants obèses, le plus souvent par ignorance, mais aussi pour apaiser leurs propres angoisses (on repar-

lera dans les chapitres suivants de l'angoisse boulimique),
pour se déculpabiliser, parçe que sommeille chez beaucoup
d'entre nous l'idée que beau bébé rime avec gros bébé.

La première erreur consiste pour la future mère à trop
grossir pendant sa maternité, elle se suralimente, mange
pour deux. Combien de mères ont susurré à l'oreille de leur
fille enceinte : « Ma chérie, tu es enceinte, mange donc. »
La tradition n'a pas que du bon... Disons qu'il faut au
mieux et en théorie prendre 1 kilo par mois mais que
11-12 kilos au total sont corrects.

La seconde erreur consiste à conditionner notre futur
réflexe : nous ruer sur la nourriture dès que l'angoisse et
l'anxiété nous assaillent. Bébé pleure ou crie, aussitôt
maman brandit un biberon ou allaite. Ce cri n'est pas obligatoirement synonyme de faim, il peut tout aussi bien être
révélateur d'une tension intérieure ou d'une douleur. Ce
qui est vrai avec le chien de Pavlov l'est aussi avec l'enfant
et c'est ainsi que plus tard, à notre tour, nous canaliserons
une agression vers un plaisir ; agressivité et anxiété seront
ressenties par nous comme un besoin de manger et nous
transmettrons là encore cette partie de notre culture à notre
descendance. Elles sont nombreuses ces femmes dont
l'anxiété est caractérisée par une surmaternité possessive
et nourricière de leur nouveau-né. Au premier bobo, en
cas de perte de poids, l'enfant sera de nouveau surnourri
et la mère apaisée. Et puis, vanité des vanités, c'est à qui
aura le plus beau bébé, traduisons le plus gros, toujours
à cause de cet absurde préjugé du poids synonyme
d'opulence.

Les mères aiment généralement tant leur enfant qu'elles
veulent tout lui donner et, à cet âge-là (le stade oral), tout
ce qui est intéressant et palpable pour l'enfant passe avant
tout par la bouche et le tube digestif. Le paradoxe étant
que les mères qui se reprochent de ne pas assez aimer leur
enfant se comportent de la même manière pour se déculpabiliser et « surbourrent » leur enfant. Idem pour les femmes dont la vie sentimentale ne sera pas satisfaisante ; tout
l'amour sera reporté sur l'enfant, et donner à manger à
son petit, le gaver, c'est faire don de soi-même et lui mon-

trer à quel point on l'aime. Dernier point, les mères ayant souffert d'une enfance malheureuse, voulant comme il se doit éviter à tout prix que le fruit de leurs entrailles soit frustré de bonheur.

Voilà comment l'on devient gros, pour maman mais aussi un peu pour papa; involontairement et souvent inconsciemment les parents sont responsables. Se développent ainsi des enfants-symptômes, gros appelés à souffrir parce que « non conformes », en butte aux moqueries de leurs petits camarades, bouboules adolescents au gros corps non désirable, mal à l'aise dans leur sexualité et leurs rapports avec les autres. Adolescents qui se créeront des troubles psychologiques à partir de leur obésité, troubles psychologiques qui vont conditionner la totalité de leur évolution future. C'est le début d'un engrenage, le jeune obèse s'adonnera d'autant plus à sa polyphagie qu'en raison même de son obésité son activité musculaire se trouvera réduite. Il voudra compenser ce manque d'activité physique par un autre plaisir, celui de la boulimie, laquelle à son tour aggravera l'obésité.

La suralimentation chez le bébé et chez l'enfant entraîne un accroissement de la taille des adipocytes, c'est-à-dire des cellules graisseuses. 40 pour 100 des enfants obèses à 7 ans, 50 pour 100 des adolescents obèses à 14 ans le demeureront adultes. Sur le plan strict des organes, le risque à ces âges ne concerne encore « que » les articulations.

3
La mauvaise alimentation « mondaine » : un scénario habituel

20 h 30. C'est la fête à venir trois ou quatre fois par semaine minimum chez le mondain que vous êtes ou que vous étiez. Tout l'attirail nécessaire aux préambules sociaux est disposé sur table (basse, bien sûr!) : boissons alcoolisées qui, mortelles à jeun, vous corrodent l'estomac et sont dites apéritives. Afin de retarder et d'amortir le choc de l'alcool sur l'estomac vide, assortiment de coupelles emplies de ces bricoles salées qui vont vous ouvrir l'appétit et contribuer à multiplier par trois votre consommation de sel, déjà si importante, et faire le lit de votre future hypertension artérielle. Amuse-gueules, whisky, champagne et toasts de saumon fumé engloutis, votre estomac sur le pied de guerre attend que l'on veuille bien passer à table (tard, c'est chic!) ou que l'on se mette d'accord sur le choix du restaurant. Voiture, parking, attente debout, re-apéritif au restaurant.

Après ces interminables préambules, il est 11 heures. On dîne. Affamés. On prend des aliments riches avec des sauces bien grasses qui gargouilleront des heures dans les méandres de l'intestin. L'estomac regimbe. Hop! on arrose avec un bon vin. Ce vin est décidément trop bon, nous l'apprécierons mieux avec un peu de fromage. Un petit morceau de gruyère, cela semble innocent; pas de chance, c'est le plus gras de tous (400 calories pour 100 g). Et un petit dessert, un! ce serait un péché de refuser. Et 800 calories. Du sucre, plein. Et vite, une cigarette. Malheur.

L'alcool et les graisses cuites ralentissent la vidange gastrique, ainsi que le tabac. Et voilà notre estomac qui peine, qui peine... Le travail habituel de brassage et de dégrossissage des aliments assuré grâce à la paroi musclée de l'estomac et à des sécrétions d'acide chlorhydrique et de pepsine est rendu considérablement plus difficile. D'une manière générale, tout repas copieux retarde l'évacuation des aliments hors de l'estomac. Les sucs gastriques sont insuffisants et le pylore (c'est un petit clapet qui en temps normal laisse passer par petites quantités le contenu de l'estomac vers le duodénum) se ferme. Le passage est donc bloqué. Que se passe-t-il ? Tout reflue vers l'estomac qui se contracte, le pauvre, dans le plus grand désordre. Vu de l'extérieur, cela se traduit par des bâillements irrépressibles et une somnolence irrésistible, c'est normal car tout le sang est appelé en renfort vers l'estomac et si celui-ci ne peut accomplir son rôle normal de réservoir, il ne lui reste qu'un moyen, le retour à l'expéditeur. Il faut pouvoir courir vite et affronter un court moment de gêne, mais dans ce cas, vous aurez échappé à l'indigestion. Certains petits malins utilisent ce procédé de manière préventive, un peu à la romaine. A ne pas systématiser, c'est dangereux.

Mais revenons à notre pylore (le clapet). S'il finit par se débloquer après quelques heures de lutte intense et force bâillements, tout passe donc dans le duodénum. La bile et le suc pancréatique solubilisent et absorbent les graisses, comme il se doit. L'intestin grêle dégrade, mais si le côlon trouve que l'on a un peu trop forcé sur les graisses, il prendra son temps par mesure de sanction : d'où un transit total de quinze heures au lieu de huit. Si dans une démarche de bonne conscience on a donné en excès dans l'artichaut, le radis, certaines crudités ou pire encore les sucres lents (féculents), cela va longuement fermenter et, de fermentation en fermentation, il faudra bien que cela sorte. Donc, barricadement chez soi car mauvais genre en société. Quant aux intoxications en tous genres (huîtres, praires, crustacés), nos défenses naturelles sont rapidement submergées par cette overdose de germes, on a mal au ven-

tre et l'on court également... L'enfer, la « gueule de bois »,
dur, très dur. Photophobie, maux de tête violents, nausées, malaises. Surtout, supprimer alcool et tabac afin de
ne pas faire empirer les choses. Restent les bicarbonates
de soude et autres afin de neutraliser l'acidité gastrique (oui,
mais seulement dans un premier temps car, après, ce type
de médicament va entraîner une hyper-acidité réactionnelle)
et boire, boire de l'eau afin d'éliminer les toxines. Grand
air, sport léger (marche), petite soupe de légumes et surtout pas de diète car cela ralentit le processus d'élimination. Si vous assumez le fait de prendre 1 kg pour un repas
gargantuesque mais désirez supprimer ou limiter les effets
indésirables vus plus haut, reste à prévenir via les petits
comprimés contenant des enzymes de la digestion.

4
La mauvaise alimentation source de plaisir

Si l'on propose à un animal une nourriture monotone, il mangera à sa faim, sans plus. Dès que sera apparue la sensation de satiété, il s'arrêtera. En revanche, lorsque la nourriture présentée est variée, subtilement accommodée, offrant un large éventail de choix, l'animal continuera à manger même lorsqu'il n'aura plus faim. Ces expériences, faites sur des animaux de laboratoire, démontrent que selon la nourriture offerte, monotone ou au contraire variée, les quantités ingérées sont différentes... Et nous agissons de même.

Notre cerveau sécrète des hormones appelés « endorphines » ; morphines naturelles du corps, ces molécules du bien-être sont impliquées aussi bien dans les plaisirs de la table que dans ceux de la chair. Ce n'est certainement pas un hasard si nous avons tendance à compenser l'absence de ces derniers par les premiers. Personne n'ignore la classique compensation boulimique de l'amoureux déçu, ou le chocolat, pansement du cœur piétiné. Les endorphines ne sont pas uniquement sécrétées en cas de jouissance sexuelle ou de bien-être affectif, mais également en cas de satisfaction gustative. Ainsi le régal que ressent le gourmet devant un bon plat ou en anticipation à un bon repas, de même son euphorie béate après avoir satisfait sa gourmandise.

Nous mangeons pour apaiser notre faim, certes, mais également pour nous faire plaisir. Ceux qui ont connu la dernière guerre ont pu souffrir de la faim mais pas les générations qui ont suivi. Les progrès de notre époque, et surtout ceux de notre civilisation occidentale, nous ont permis de ne plus craindre ni ressentir la faim, le problème d'aujourd'hui serait plutôt l'indigestion. Nous sommes cernés de toutes parts, attirés en permanence par des aliments désirables à la variété inépuisable. Nos ancêtres apaisaient leur faim, nous ce serait plutôt notre appétit. La France, capitale gastronomique mondiale, a encore élargi ses ressources en important toutes sortes de denrées et de restaurants exotiques. Cette richesse de choix gustatifs, en variant nos plaisirs, stimule considérablement le système de sécrétion des endorphines par notre cerveau, et les animaux de laboratoire nous offrent une parfaite caricature de ce qui se passe si nous nous soumettons à un régime alimentaire monotone : nous restreignons d'emblée nos prises alimentaires. C'est normal puisque moins de plaisir entraîne moins de consommation.

Ces découvertes récentes aident à comprendre pourquoi un obèse gourmand a du mal à maigrir. Pour lui, s'astreindre à un régime correspond à une diminution soudaine de ses sécrétions d'endorphines. Le plaisir alimentaire diminué ou raréfié entraîne chez lui un état de manque en morphines naturelles, état de manque comparable à celui ressenti par le fumeur arrêtant le tabac.

Mettons-nous maintenant à la place d'une femme que son mari vient de quitter. Quelles qu'en soient les raisons, si elle met cela sur le compte d'un manque de séduction lié à son surpoids, elle va décider dans un grand élan passionnel de maigrir afin de reconquérir ce mari volage. Si elle réussit à maigrir, souhaitons-lui un happy end conjugal (des cas semblables se voient tous les jours) mais de toute façon tirons-lui un grand coup de chapeau, car avec ce double handicap, déboires sentimentaux d'une part et privation alimentaire de l'autre, elle ne risque pas de se procurer d'overdoses d'endorphines...

Il est intéressant de noter à ce propos que les chercheurs essaient actuellement de stimuler artificiellement la sécrétion de nos endorphines. Si l'on pouvait commander au corps humain de nous en faire sécréter un peu plus et sur commande, finis les chagrins d'amour, à la poubelle les analgésiques, et l'on pourrait enfin suivre des régimes amaigrissants avec le sourire.

Le cerveau est en effet très économe de ses endorphines. Il nous les distille au compte-gouttes et uniquement en cas de grande douleur. Si, par exemple, on se casse la jambe, les premières minutes ne sont pas douloureuses car immédiatement notre corps aura libéré des endorphines qui nous permettront de ne pas ressentir de douleur. Mais, malheureusement, il les récupérera très vite pour laisser place à la douleur et aux substituts chimiques.

Par ailleurs, des recherches récentes semblent confirmer la vieille croyance populaire qui veut qu'un bon vivant faisant honneur aux plaisirs de la table soit également un bon amant. Il existerait des relations étroites entre les plaisirs culinaires et les plaisirs amoureux. On le sait, les hommes détestent souvent que les femmes chipotent à table. Est-ce que dans leur inconscient cette attitude évoque d'autres réticences ? En revanche, au siècle dernier, dans la bonne société, il était mal vu qu'une femme mange de façon ostensible. Qui ne se souvient dans *Autant en emporte le vent* de la brave nounou de Scarlett tentant (vainement) de lui faire absorber quelque nourriture avant d'aller au piquenique mondain d'Ashley Wilkes ? Comment ne pas rapprocher ce comportement du fait de réprouver qu'une femme ressente du plaisir amoureux ?

On a découvert qu'une mystérieuse hormone, nommée le VIP (vaso-intestinal-polypeptid) qui agit sur le système digestif et qui est sécrétée par le cerveau, possède en dehors de ses propriétés neurotransmettrices une propriété très particulière : elle serait un des médiateurs nerveux les plus puissants pour l'érection du pénis. C'est intéressant et même amusant quand on sait qu'un repas correct de bonne qualité gustative fait augmenter le taux du VIP dans l'organisme (de même que celui des endorphines) et cela expliquerait de façon séduisante que la bonne chère aille généralement de pair avec le plaisir amoureux.

Cela dit, si nous trouvons le moyen de provoquer à volonté cette sécrétion d'endorphines, il est à craindre qu'avec notre nature peu raisonnable nous n'abusions de cette béatitude sur commande et ne baignions dans un état d'euphorie constante. Un bonheur qui deviendrait vite insoutenable. Pour l'instant, nous ne connaissons que trois moyens de provoquer la sécrétion d'endorphines : se casser un membre, mais c'est une méthode peu recommandable, tomber amoureux, état qui dure rarement très longtemps, ou, dans le même ordre d'idées, faire l'amour, procédé trop ponctuel et trop instable pour être efficace ; et enfin, dernier moyen, manger.

5

La mauvaise alimentation pour guérir les peines de cœur

Nous voyons généralement les amoureux déçus se ruer sur la nourriture. Nourriture compensation, bouillotte affective, mais également l'un des deux seuls moyens agréables, avec l'amour, capables de nous procurer cette béatitude provoquée par la sécrétion des endorphines. Généralement le résultat ne se fait pas attendre, on grossit. Tout le monde connaît au moins une personne s'étant terriblement empâtée après une peine de cœur. Il faut dire que le plus souvent, les aliments élus font grossir : gâteaux et sucreries généralement (mais aussi fromages et charcuteries). Pourquoi le sucré ? Simplement parce que cela nous rappelle notre petite enfance.

Lors d'une rupture amoureuse, notre instinct de conservation nous pousse à grignoter. Comme après tout stress, nous régressons vers l'enfance, époque où nous étions maternés, où l'on nous témoignait sans cesse les marques de ce dont nous avons tant besoin : l'amour. Régression donc vers le plaisir oral, celui que nous procure la bouche. Les premiers plaisirs que nous avons ressentis l'ont été par la bouche, et notre nourriture à cet âge-là aura été essentiellement sucrée, seule saveur ayant notre faveur au premier âge. C'est pourquoi lors du stress nous cherchons à nous rassurer en mangeant un aliment de préférence sucré : bonbons, gâteaux, chocolat, et l'on s'arrondit...

Il existe un autre phénomène intéressant : c'est qu'un chagrin d'amour semble réveiller en nous l'instinct alimen-

taire. Instinct qui, comme nous l'avons vu, disparaît généralement après l'enfance. Notre chagrin nous met généralement dans un état de fatigue extrême, tristesse et lassitude
(dû également à la composante dépressive, composante
pouvant entraîner des phénomènes inverses d'anorexie,
c'est-à-dire de refus alimentaire partiel ou total). A défaut
d'excitants procurés par l'amour, nous nous rabattons sur
les stimulants alimentaires que nous trouvons. Notre instinct nous pousse à consommer des sucreries qui nous calment, mais également et surtout des agrumes et des fruits
rouges, bourrés de vitamine C, la vitamine antistress et antifatigue par excellence, celle du tonus.

Il est amusant de noter que notre instinct de conservation, toujours en éveil, réanime notre instinct alimentaire,
enfoui sous des années de mauvaises habitudes, pour nous
faire consommer les vitamines qui nous aideront à lutter
pour retrouver ce qui nous fait défaut : la vitalité et la pleine
forme. Notre instinct nous pousse également à consommer un oligo-élément très important, le magnésium, indispensable à l'équilibre du système nerveux et dont le manque
nous fait présenter des symptômes de malaise proches de
celui entraîné par les peines de cœur : grande nervosité,
angoisse, troubles du sommeil et irritabilité accrue. On en
trouve dans les cacahuètes, les abricots secs, les amandes,
les noix de cajou, les céréales et le chocolat. Le chocolat,
bien connu des amoureux déçus, présente outre le magnésium, deux acides aminés : la phényléthylamine « amphétamine de l'amour » et le tryptophane, véritable régulateur
de notre humeur en se transformant en sérotonine.
Étonnons-nous, après cela, que les chagrins d'amour puissent faire grossir !

6
Les prises de poids circonstancielles

Ce sont les prises de poids qui succèdent à un accident ayant occasionné un choc physique (commotion) et moral (peur); choc entraînant parfois une dépression réactionnelle avec surconsommation alimentaire par régression orale. On mange pour se rassurer, pour se conforter, pour compenser. Cela peut survenir après un accident traumatique (voiture, moto, ski), une intervention chirurgicale, la suppression du tabac, classique besoin buccal qui va entraîner un besoin oral de substitution (repas plus copieux, bonbons et chewing-gum). Le rôle de la sédentarité en outre n'est pas négligeable dans la prise de poids : témoin l'ex-sportif renonçant à son entraînement mais consommant, par habitude, autant de calories qu'avant.

Le mariage est bien connu pour son influence sur la courbe de poids. On acquiert souvent des mœurs plus « popote », on se laisse aller car on est sécurisé dans le sein du foyer. Monsieur n'a plus besoin de conquêtes, Madame expérimente les recettes de maman. On se met à table à deux, on fait honneur au plat préparé avec amour (seul on a tendance à manger sur le pouce). On sort moins, on est bien chez soi, avec sa télé devant laquelle « on fait du lard » lentement mais sûrement.

Par ailleurs, après la quarantaine, on devient plus paresseux et l'épanouissement d'une carrière se solde souvent par un embonpoint.

Plus insidieuse encore, la retraite, plus ou moins bien

vécue, avec ses repos forcés, et débouchant parfois vers un obscur sentiment de frustration. Les activités sexuelles et sportives sont ralenties, la nourriture devient compensation, on a un goût accru pour les sucreries.

Un changement de résidence vers un climat moins rigoureux ou à l'inverse une plus grande frilosité incitant à se couvrir davantage peuvent également influer sur la prise de poids (avoir plus froid faisant brûler davantage de calories, croit-on à tort).

Signe de richesse et de santé, l'embonpoint est encore aux yeux de nombreux travailleurs manuels un signe de prospérité. On exhibe sa graisse comme certaines coquettes leurs bijoux ou leurs fourrures. C'est dans les milieux les plus aisés et les classes dirigeantes que l'information médicale circule le mieux, c'est dans ces classes que l'on se livre le moins aux excès de table aujourd'hui, à l'inverse de ce qui se passait de l'Antiquité à la guerre de 1914. La connaissance des dangers du surpoids nous a appris à redouter ses méfaits, on se surveille, on fait doser son cholestérol et prendre sa tension. Les jolies femmes se privent pour séduire plus longtemps et ressembler à l'image que nous renvoient les magazines de mode. Les hommes « branchés » fuient les excès pour être en forme et allonger leur espérance de vie...

C'est la classe du travail manuel qui mange le plus gras et le plus sucré. C'est elle qui a le plus de retard à rattraper. La situation s'est inversée. Se nourrir comme les riches de jadis, sans privation, représente une réelle victoire qui fait que l'on aura tendance à rire au nez du médecin qui parlera de surpoids. Tout cela ne serait que « fantaisie de riche » en mal d'originalité. Et les ménagères rondelettes de s'enrober encore plus. Et les hommes empâtés de s'enorgueillir de leur confortable budget alimentaire. Notons qu'aux États-Unis, 90 pour 100 des supermarchés et autres fast-food se trouvent situés dans les zones populaires. Aux plus riches de restreindre leurs besoins quand les moins fortunés ne résistent pas à leurs désirs alimentaires.

Dans nos pays développés, nous n'avons plus à être inquiets pour savoir si demain nous mangerons à notre faim. Notre civilisation d'abondance et de consommation est devenue une civilisation de surconsommation. La seule inquiétude qui persiste est celle des producteurs qui se demandent comment nous faire consommer davantage. L'influence de la publicité est là comme ailleurs déterminante. A la télévision, une publicité sur deux est alimentaire. Parmi toutes ces publicités alimentaires, 98 pour 100 sont consacrées aux sucres et graisses sous diverses formes... Les 2 pour 100 restants exaltant les vertus de l'eau. Amusons-nous à regarder les caddies de nos congénères dans les supermarchés... On baisse vite les bras, on surconsomme, et ces excès alimentaires sont d'autant plus graves que, les machines aidant, nos activités physiques diminuent parallèlement. Certes, le sport redevient depuis quelques années très à la mode, mais il ne concerne encore que très peu d'entre nous, la majorité préférant pratiquer par télévision interposée.

Tout cela n'est que caricature, bien sûr. En fait, nous commençons à bénéficier de la chance inouïe de pouvoir dépister nos erreurs, les débusquer pour trouver un nouvel équilibre alimentaire. Nous avons admis depuis relativement peu de temps que nous étions faits de ce que nous mangions : l'alimentation a une influence directe sur notre poids et notre santé. Il y a déjà vingt-cinq ans, les statistiques américaines montraient que le quart de la population adulte était obèse. Obésité mal vécue, inesthétique, être gros est marginal, obscène, grotesque, moche. La mode est faite pour les minces. L'obésité heurte le goût, et la pression sociale poussant à mincir gagne peu à peu tous les milieux.

7
Grossir à cause des régimes amaigrissants!

Il existe des cas de femmes qui ont perdu cinq cents kilos en vingt ans. Ces femmes, habituées au régime, pèsent généralement 30 kilos de plus que la veille de leur premier régime. La principale cause de la prise de poids, chez la femme de 45 ans, c'est d'avoir suivi des régimes tout au long de sa vie. Elle se sera jetée sur tous les régimes les plus exotiques et invraisemblables, qui tous font maigrir... mais regrossir aussi vite dès qu'ils sont arrêtés.

Le problème des régimes répétés est qu'ils abaissent toutes les dépenses : le métabolisme de base s'ajuste à la diminution des apports. A chaque arrêt, on reprend davantage de kilos que l'on en a perdu : on en perd 8, on en reprend 10.

Les patientes diront : « Je ne mange pas plus qu'avant et je reprends du poids... Il y a 10 ans, avec tel régime, je perdais 5 kilos. Maintenant à peine 1 ou 2... » En effet, tous les travaux actuels montrent que rien n'est plus mauvais qu'un régime fait tous les 6 mois. Certains disent même que le régime basses calories est la meilleure méthode pour reprendre rapidement davantage que les kilos perdus. Plus l'on maigrira vite, et plus vite l'on regrossira.

Le fameux régime de la Mayo Clinic, très bas en calories, fait maigrir très vite car on passe de sa consommation habituelle (2 000 - 2 500 calories) à 800 calories par jour maximum, et cela pendant quatorze jours. A ce moment-là, la dépense d'énergie pendant une activité physique diminue. On brûle moins vite les aliments. Et lorsque l'on reprend sa consommation habituelle, tout ce que l'on mange profite. Pour les mêmes 2000 à 2500 calories, on grossira, indépendamment de tout sport.

Il en va de même avec les régimes hyperprotéinés des cliniques spécialisées à 600 calories par jour pendant trois semaines. On reprend tout, dès la fin du régime.

Dans le cas particulier des femmes ayant essayé de nombreuses fois de maigrir, la seule solution consiste à leur apprendre à *rééquilibrer leur alimentation*, cesser de commettre des erreurs alimentaires, et à se mettre à faire de l'exercice, ou pratiquer un sport. Car l'exercice ne fait pas maigrir sur le moment, mais peu à peu, il aide à modifier le métabolisme. Progressivement, on brûle plus vite ses graisses.

Il n'existe en diététique ni miracle ni, encore moins, faiseur de miracles. Il faut s'alimenter différemment, de façon à la fois logique et plaisante. Les régimes ne doivent que modifier vos habitudes alimentaires, ils ne doivent pas vous frustrer.

8
Les obésités non liées (directement) à l'alimentation

Ou le chapitre bonne conscience de tous ceux qui croient ne pas être responsables de leurs problèmes de poids...

Les « fameuses obésités glandulaires » ne représentent même pas 1 pour 100 de la totalité des obésités. Mais, bien évidemment, il faut les rechercher devant toute prise de poids, en particulier la tumeur langheransienne insulino-sécrétante du pancréas. L'hypothyroïdie, ou insuffisance de fonctionnement de la glande thyroïde, s'accompagne plutôt d'une infiltration que d'une réelle prise de poids ; quant à l'hypercorticisme surrénalien ou syndrome de Cushing, il se caractérise plutôt par une modification de la topographie graisseuse avec une prédominance au niveau de la face et du tronc.

La pilule contraceptive et la ménopause ne sont pas, contrairement à une opinion trop répandue, directement responsables de prise de poids. On estime que la pilule contraceptive fait grossir, ou non, selon que l'on est pour ou contre. En fait, les pilules fortement dosées en œstrogènes font prendre au maximum 3 kilos les 3 premiers mois parce que, outre une petite rétention d'eau, elles donneraient davantage faim. Peuvent réellement grossir sous pilule les femmes génétiquement prédisposées à l'obésité ou celles qui culpabilisent et se sentent vaguement inquiètes, inquiétude poussant à un inlassable grignotage.

A l'inverse, l'arrêt de la pilule peut entraîner une polyphagie réactionnelle pour apaiser l'anxiété occasionnée par le risque de grossesse. Il peut alors arriver qu'une patiente prenne une dizaine de kilos. Quant à la ménopause, que celle-ci soit physiologique ou chirurgicale, la prise de poids n'est pas constante et lorsqu'elle existe, elle n'est pas améliorée par l'œstrogénothérapie compensée (traitements substitutifs). Il semble que là aussi la prise de poids serait liée à un ensemble de phénomènes psychiques complexes (voir ci-après). De plus, les hormones substitutives ont un pouvoir « anabolisant », c'est-à-dire constructeur de charges pondérales.

Certains médicaments peuvent être mis en cause dans la prise de poids :
— le calcium et les vitamines calcio-fixatrices,
— le magnésium,
— l'insuline qui augmente la faim,
— les psychotropes en raison de leur action diffuse sur le système nerveux central,
— les antidépresseurs majeurs et même mineurs.

En revanche, les tranquillisants tels le Valium, le Tranxène et le Temesta ne font pas grossir.

LES OBÉSITÉS DÉSIRÉES

Camouflant généralement une névrose, la suralimentation n'obéit chez certaines personnes qu'à une règle : être gros. Avoir un poids élevé peut, en effet, répondre à un besoin de domination, le surpoids symbolisant la puissance. Femmes ou hommes désirant « faire le poids », en imposer à leur entourage. Pour apaiser leur conscience, ces personnes consulteront parfois un spécialiste pour maigrir. Mais leur peur de maigrir sera telle, elles craindront si fort de perdre leur puissance et leur autorité, que l'échec thérapeutique sera inévitable et tranquillisera leur conscience : « Être mince, ce n'est pas ma tasse de thé, j'ai fait ce que j'ai pu... »

LES OBÉSITÉS REFUGES

Lorsque l'on renonce, on se barde... de graisse comme

un rôti. On se protège du monde extérieur, du monde des adultes. Femmes craignant leur féminité, adolescentes ayant peur de franchir le pas vers l'état de femme, peur de l'homme et de la sexualité. Femmes se cramponnant à une image corporelle peu excitante, elles se veulent grosses, et vont compenser par les satisfactions orales les autres plaisirs qu'elles se refusent et dont elles ont peur, en particulier le mariage.

LES OBÉSITÉS COMPENSANT UNE FRUSTRATION

Frustrés de toute sorte : enfants souffrant du « complexe d'abandon » (mort d'un parent, mésentente familiale, divorce, séparation), adolescentes vivant des rapports de rivalité avec maman, contraintes, échecs, disputes conjugales, déceptions sentimentales, situation conflictuelle de toutes sortes entraînant un retour au stade oral : on redevient un petit enfant, on ne jouit que par le tube digestif. Le mariage avec le côté « claustrophobant » qu'il peut faire ressentir, la grossesse avec les sentiments ambigus que peut ressentir une mère envers un état pas toujours désiré, la culpabilité en cas de perte d'un être cher peuvent déboucher sur un surpoids « punition ». Autre cas d'oralité frénétique, la période de la ménopause, avec ce qu'elle peut impliquer comme retrait des activités sexuelles ou comme sensation de vieillissement. La solitude avec la compensation sur la nourriture, on s'enrobe de graisse à défaut d'amour.

Graisse et surpoids sont toujours mal vécus. La victime se trouve monstrueuse et incapable de maigrir. Perdre du poids devient une idée fixe coexistant avec l'impossibilité de surmonter les crises de boulimie anarchiques. Le plus gênant est que l'incapacité de maigrir s'étend à toutes les entreprises. Ces sujets se bâtissent un système d'échec, qui s'étendra à toutes leurs aspirations, que celles-ci soient d'ordre professionnel ou sentimental.

LES OBÉSITÉS HYPERPHAGIQUES

Représentant une large part des cas de surpoids, elles sont plus fréquentes chez les hommes. Ils reconnaissent généralement leur hyperphagie avec franchise, voire même complaisance. Cela fait bon vivant, convivial. Les femmes cachent davantage, trichant parfois avec elles-mêmes, peut-être en souvenir du temps où n'étaient bien vues que les femmes chipoteuses. Il n'est pas très féminin de s'empiffrer... En dehors du psychisme, il peut exister dans cette hyperphagie un trouble de la satiété. La régulation de la faim chez l'homme s'effectue par l'intermédiaire d'un centre situé dans l'hypothalamus. La régulation de la faim se fait par deux types d'informations : des informations métaboliques d'origine endogène (baisse du sucre, etc.), et des informations sensorielles exogènes (disponibilité, aspect, goût).

Des expériences montrent que l'obèse est moins sensible que l'individu normal aux signaux endogènes de satiété mais au contraire beaucoup plus sensible aux signaux exogènes réglant la fréquence des repas. Des étudiants ont été enfermés plusieurs heures, sans leur montre personnelle, sous prétexte de remplir des questionnaires. Ils savaient que de la nourriture était soit immédiatement disponible, soit à l'intérieur d'un réfrigérateur dans une pièce voisine. L'unique pendule existante était truquée, avancée ou retardée, selon le modèle à l'étude. Les résultats montrent que les obèses mangent davantage lorsqu'ils croient l'heure tardive ou lorsque la nourriture est facilement à portée de main. Leurs réactions, inversées dans le cas contraire, suggèrent une plus grande sensibilité à l'environnement qu'aux stimulations endogènes. Ceci évoque une perturbation des centres de la satiété, liée à un conditionnement erroné, dont l'origine remonte à la suralimentation de la petite enfance.

9
La boulimie

Phénomène à part, ce n'est que très récemment que cette maladie a été identifiée et reconnue comme telle. Ignorés hier, les boulimiques sont aujourd'hui pris au sérieux. Leur mal, « manger par anxiété », se gaver sans faim, ni fin, est maintenant reconnu. Les médecins ne la confondent plus avec l'obésité et ne disent plus : « Un peu de volonté, voyons ! » La boulimie est la seule réponse que certains trouvent pour apaiser leur angoisse et leur anxiété.

Estimés à cent mille en France, les boulimiques auraient atteint d'effrayantes proportions aux États-Unis, pays des excès. 20 à 30 pour 100 des Américaines souffriraient de ce mal. Jane Fonda, ex-boulimique aujourd'hui guérie, a été une des premières à en parler publiquement. Irrépressible, la boulimie se vit dans la honte, le secret, et en solitaire. Maladie des femmes et des femmes jeunes (il existe cependant des accès aux environs de la ménopause), la boulimie se caractérise par une envie impérieuse de manger sans qu'existent ni sensation de faim, ni sensation de satiété. Les aliments préférés sont généralement : sucres, fromages et charcuterie, mais aussi parfois pâtes froides ou haricots verts crus.

Le boulimique peut absorber jusqu'à 10 000 calories par jour tout en restant mince. Son secret ? Des périodes d'anorexie (abstinence totale de nourriture) pendant plusieurs jours après quelque orgie alimentaire ou des vomissements provoqués (plus de la moitié des boulimiques agissent ainsi). Les vomissements provoqués étant l'équivalent de l'anorexie mentale. Laxatifs et diurétiques sont également absorbés en grande quantité.

Le boulimique picore à table, et ne dévalise le réfrigérateur qu'une fois seul. Tout y passe, et dans un temps record. Peu importe la qualité gustative de l'aliment, le tout consiste à se gaver, se remplir. Le boulimique, culpabilisant énormément, ne parle à personne de son mal, se dégoûte en se croyant seul dans son cas. L'image qu'il a de lui est généralement dépréciée; même agréable physiquement, il se trouvera moche. Il considère sa vie comme vide tout en se prenant pour un gigantesque tonneau des Danaïdes qu'il faudra remplir sans fin. Mal dans sa peau, la dépression le guette souvent et il flirte parfois avec des idées de suicide. Progressivement se détériorent les relations sentimentales et sexuelles.

La boulimie fait souvent suite à un régime alimentaire trop répressif qui aurait déclenché ce comportement plus que compensatoire. Chez l'adolescente, le rôle du premier petit ami peut aussi être important.

Les psychanalystes en situent l'origine aux premières semaines de la vie. Les boulimiques auraient eu des mères qui auraient répondu à leurs pleurs, seul moyen d'expression à cet âge, en leur donnant systématiquement du lait au sein ou au biberon. Toujours est-il que le boulimique éprouve, au moment de la puberté, de la difficulté à trouver son identité, à exprimer ses désirs, à nouer des relations avec les autres. Il se sent vide et a besoin de se remplir, à coup de nourriture, c'est la seule réponse qu'il trouve. Les aliments calment l'angoisse comme le lait apaisait l'enfant.

La boulimie peut être l'expression d'une dépression à laquelle elle est souvent liée. 20 pour 100 des boulimiques font des tentatives de suicide. Les antidépresseurs ne donnent pas de résultats suffisants et différents types de thérapies « psy » sont proposées. Parmi celles-ci, la thérapie comportementale, aidant le patient à retrouver l'estime de soi et à affirmer sa personnalité vis-à-vis des autres, ou la *Gestalt Analyse*, très pratiquée aux États-Unis pour les alcooliques et les drogués, visant à exprimer le « moi » enfoui. Les résultats sont parfois longs à venir. Certains guérissent (40 pour 100), les autres produisent des rechutes de durée variable lors d'une perturbation affective ou professionnelle.

LA FRINGALE

Elle n'a rien à voir avec la boulimie; elle se manifeste comme une nécessité impérieuse de manger mais dont l'origine est organique et non pas psychologique. Elle est commandée par l'hypoglycémie, c'est-à-dire la baisse du taux de sucre dans le sang qui peut entraîner un état de malaise.

10
Faim et appétit

Aujourd'hui, dans nos pays riches, nous n'avons plus faim, nous avons de l'appétit. Selon l'Organisation mondiale de la santé, la faim est un ensemble de sensations provoquées par la privation de nourriture, conduisant l'homme ou l'animal à rechercher des aliments, l'ingestion de ceux-ci supprimant cette sensation de faim. L'appétit est le désir de manger un aliment particulier visant à satisfaire un plaisir des sens. La faim est un besoin physiologique, l'appétit, un désir psychologique.

La faim, la vraie, est un besoin organique nécessitant, pour être connue, une abstinence alimentaire totale de plusieurs jours. Le centre de la faim, comme celui de la satiété, est situé dans l'hypothalamus. Le mécanisme de déclenchement réel est encore mal connu mais on pense qu'il s'agit d'un manque de disponibilité de glucose au niveau des cellules du cerveau.

La palatabilité est l'ensemble des sensations, agréables ou désagréables, que fournit un aliment. C'est cette palatabilité qui est responsable de notre appétit. Manger est un plaisir des sens et les cinq sens participent aux plaisirs de la table. La satiété, c'est-à-dire la disparition de la sensation de faim ou d'appétit, amenant à l'arrêt de l'absorption alimentaire dépend de la palatabilité. Cette sensation de satiété met environ vingt minutes pour arriver au cerveau. C'est à cause de ce laps de temps qu'il est important de manger lentement. Pour la commodité de la compréhension, nous continuerons à appeler faim ce qui n'est que de l'appétit.

CE QUI AUGMENTE LA FAIM

— Les sucres rapides (sucreries, pâtisseries), surtout lorsqu'ils sont consommés seuls. Le taux de glycémie, c'est-à-dire de sucre dans le sang, augmente très vite. Cela stimule la sécrétion d'insuline qui a pour but de maintenir un taux relativement constant de sucre dans le sang en détruisant l'excès. Le couplage élévation de la glycémie — sécrétion d'insuline n'étant pas parfaitement superposable dans le temps, une heure plus tard la glycémie redescend à un niveau inférieur à son niveau initial entraînant à nouveau une fausse faim, un désir de manger. Cela explique le « fameux coup de pompe » de 11 heures après notre café sucré avec tartines à la confiture au petit déjeuner.

— Les fruits entre les repas, car quels que soient leurs goûts (sucrés ou acides), ils contiennent du fructose qui est aussi un sucre d'absorption rapide. Ceux qui sont riches en fibres (pommes) sont moins mauvais car l'absorption du fructose est alors ralentie.

— Les produits fortifiants et notamment le calcium.

— L'exercice.

— Le froid.

— La période prémenstruelle peut donner parfois des envies de sucré, car les variations hormonales influent sur la glycémie.

— Les émotions telles que la peur, le chagrin, l'angoisse selon la démarche consistant à se rassurer.

— Certains antidépresseurs.

LES MAUVAIS COUPE-FAIM

— *La cigarette* : coupe la faim, fait brûler davantage de calories, mais intoxique avec ses goudrons et sa nicotine.

— *Le café* : à haute dose, fait office d'anorexigène comme les amphétamines avec les mêmes inconvénients : nervosité, palpitations...

— *Les anorexigènes* : très à la mode dans les années soixante, interdits maintenant, car ce sont des produits dangereux. Ils excitent le système nerveux, mais sont très toxiques et entraînent des phénomènes de dépendance.

— *Sauter un repas* : la faim s'apaise au bout de quelques heures, mais l'organisme inquiet stocke au repas suivant, il se rattrape et se méfie en cas de nouveau « jeûne ». Cela fait grossir.

LES COUPE-FAIM NATURELS

— *Être amoureux* : « vivre d'amour et d'eau fraîche », cela n'a qu'un temps, mais n'est pas faux. La sécrétion d'endorphines fait que faim, fatigue, sommeil disparaissent... momentanément.

— *Manger lentement* : en espaçant le temps entre les plats, pour attendre les vingt minutes nécessaires aux signaux de satiété pour atteindre le cerveau. Donc, discutez, discutez...

— *Cachez-moi ces stimuli que je ne saurais voir!* Si vous en avez le courage, jetez tout ce qui donne envie de manger. Jetez tous vos biscuits à la poubelle, et bouchez-vous le nez devant les pâtisseries, en détournant prudemment les yeux. Pas évident!

— *Les sucres lents* : féculents, céréales et légumes secs, lents à digérer, retardent donc la faim.

— *Les fibres* : séjournent plus longtemps dans l'estomac, sans être transformées pour autant en réserves, elles retardent l'apparition de la faim. Vous êtes assouvis plus longtemps, comme avec les protéines et les sucres lents.

— *Pêle-mêle* : mais un peu léger : un grand verre d'eau, un œuf qui calme la faim, mais pas l'appétit! Et nous y revoilà!

II

Pourquoi maigrir ?

1
Les dangers de la mauvaise alimentation

Vous pesez 20 kilos de trop? Ce n'est jamais qu'une valise chargée que vous portez (ou supportez) en permanence. Vous les supportez bien ces 20 kilos sur vos deux jambes, vous les supportez bien aussi sur une jambe, vous les supportez même quand vous descendez une marche d'escalier de 30 cm de hauteur mais combien de microtraumatismes ainsi engendrés sur vos articulations? Que se passe-t-il quand l'on met un moteur de 2 CV dans une carrosserie de Mercedes? Pensez-vous sérieusement qu'un régime puisse vous fatiguer?

Si certains médecins mettent parfois en doute le danger que représente le surpoids pour la santé, les compagnies d'assurances ne s'y trompent pas, terrifiant les gros à coup de statistiques... et d'élévation de leurs primes.

RISQUES DE SURMORTALITÉ DES OBÈSES

	Hommes	Femmes
Diabète	+ 133 %	+ 83 %
Accidents vasculaires cérébraux	+ 53 %	+ 29 %
Accidents cardiaques	+ 43 %	+ 51 %
Affections digestives	+ 68 %	+ 39 %
Cancers	+ 16 %	+ 13 %

(*Build & Blood pressure Study*, 1959)

En ce qui concerne leur santé, les Américains ont une démarche bien différente de la nôtre. Aux USA on sait que pour rester en bonne santé il faut faire certains efforts. En Europe, on considère la bonne santé comme acquise... tant qu'il n'y a pas de problème, ce qui est une manière de pratiquer la politique de l'autruche. Nous savons tous qu'une maladie cardio-vasculaire ou un cancer font une apparition soudaine mais ont mis des années à s'installer.

Ces maladies que l'on appelle insidieusement dégénératives sont actuellement nos premières tueuses et ont détrôné les maladies infectieuses d'autrefois. On les appelle aussi, et ce n'est pas par hasard, maladies de civilisation... Les causes de décès les plus fréquentes en Occident sont les maladies cardiaques et vasculaires — elles tuent un Français toutes les deux minutes — puis les cancers (poumons et côlon en premier lieu).

Si toutes ces affections entraînent un risque de surmortalité, d'autres, sans être mortelles, sont néanmoins des facteurs de risque surajouté. Les diverticuloses coliques ainsi que les problèmes intestinaux, l'augmentation de la pression artérielle, les modifications de la capacité respiratoire qui entraînent des essoufflements et des troubles de la vigilance sous forme de somnolence. Les complications veineuses entraînant des varices, voire des œdèmes des membres inférieurs sont fréquentes. Nous en préciserons le mécanisme dans le chapitre consacré à la cellulite. Les complications arthrosiques, particulièrement au niveau des articulations en charge (hanche, genou, cheville) ou au niveau de la partie lombaire de la colonne vertébrale (lombalgies) sont multipliées. Les hernies, les éventrations, les complications cutanées, la multiplicité des risques pré- (anesthésie) et post- (phlébites, cicatrisation) opératoires font courir des dangers aux obèses*. Si le diabète chimique est fréquent, les troubles du métabolisme des graisses et de l'acide urique le sont tout autant.

Toutes ces maladies ne se rencontrent pratiquement pas

---

* Ainsi chez l'obèse, l'augmentation du risque anesthésique est considérable. La mortalité après chirurgie abdominale est multipliée par 2,5.

dans les pays où l'on se nourrit différemment. Bien sûr, l'espérance de vie dans les pays industrialisés et à haut niveau de vie est beaucoup plus élevée que dans les pays du tiers monde, mais la différence provient en grande partie d'une diminution spectaculaire de la mortalité infantile dans nos pays. Dans le tiers monde, 3 enfants sur 5 meurent avant d'atteindre leur cinquième année, comme c'était encore le cas chez nous au siècle dernier. C'est la courte vie de ces enfants qui abaisse considérablement le chiffre de la statistique de moyenne de l'espérance de vie. A notre grande surprise, on apprend que l'espérance de vie d'un Occidental de 40 ans n'a que très peu augmenté depuis le siècle dernier, elle n'est pas de beaucoup supérieure à celle d'un Indien (rescapé de la petite enfance) du même âge.

L'avantage des pays du tiers monde est que l'on ne rencontre pratiquement jamais nos « maladies de riches » car on n'y mange pas, on s'y nourrit. Ce qui n'empêche pas les gens du tiers monde, bien sûr, d'être très vite, en une génération, frappés par nos maladies occidentales lorsqu'ils émigrent vers nos pays industrialisés et épousent nos habitudes alimentaires. Démonstration accablante.

Ces deux situations extrêmes, mourir de faim et mourir de trop manger sont la marque d'un déséquilibre certain sur lequel nous n'insisterons pas, ce n'est pas le propos de ce livre. Pour résumer, on peut dire que :

— 4 Français sur 10 sont constipés (pas assez de fibres !). A ce propos, on apprend qu'à Paris les arrondissements les plus constipés (disons les plus grands consommateurs de laxatifs) sont les « plus riches » : 7e, 8e et 16e arrondissements ainsi que Neuilly.

— 1 Français sur 5 est obèse
— 1 Français sur 2 souffre d'une affection cardiovasculaire après 60 ans
— 1 Français sur 10 est hypertendu
— 1 hypertendu sur 2 est obèse
— 1 Français sur 50 est diabétique.

Et parallèlement à ces chiffres, on apprend que 12 millions d'enfants mourront cette année avant l'âge d'un an dans les pays en voie de développement et qu'1 habitant du tiers monde sur 4 est sous-alimenté.

2

Ce qui se passe ailleurs

Ce n'est pas un hasard si les peuples se nourrissent différemment en fonction de leurs environnement, coutumes, climat. La façon de se nourrir véhicule toute une symbolique mais est également adaptée au contexte écologique de chaque peuple. Il ne faut pas l'oublier, et faire n'importe quoi sous le prétexte d'une certaine facilité avec laquelle on échange de nos jours cultures ou philosophies. C'est la raison pour laquelle tous les régimes exotiques échouent. Ce qui est valable pour tel habitant de tel pays exotique avec ou sans cocotier ne le sera pas forcément pour nous Français.

Nous nous sommes interrogés sur deux exemples (extrêmes) de façons de se nourrir. Exemples frappants car opposés mais aboutissant aux mêmes résultats.

Les Esquimaux ont une nourriture composée à 80 pour 100 de graisses et à 20 pour 100 de protéines essentiellement extraites du poisson. Les taux de diabète, d'athérosclérose, d'hypertension, de maladies dites dégénératives sont plutôt moins élevés que ce que nos esprits cartésiens de chercheurs occidentaux ne s'attendaient « logiquement » à trouver. Les pygmées, eux, se nourrissent à 80 pour 100 de sucres et à 20 pour 100 de protéines. Les constatations sont les mêmes : pas de diabète, d'hypertension, de cholestérol, etc.

Pourquoi ? Parce que ces deux peuples ne se nourrissent que de deux catégories d'aliments, tandis que nous, civilisations intermédiaires entre Nord et Sud, nous en consommons trois : protéines, sucres et graisses. Remarquons que plus nous montons au nord plus les gens mangent de poisson et plus nous descendons au sud plus les peuples consomment de sucres (harengs de la Baltique contre loukoums). Attention cependant, cela ne signifie surtout pas que nous devrions manger dissocié, cela signifie qu'actuellement nous mangeons déséquilibré. Nous verrons plus tard la règle d'or GPL de la diététique : 4 portions de glucides, 2 portions de protéines, 1 portion de lipides.

L'histoire ancienne nous enseigne les mêmes vérités. Les soldats grecs avaient une alimentation spartiate, essentiellement composée de figues, noix, pain d'orge et fromage. Ils faisaient preuve d'une résistance physique et d'une capacité d'effort remarquables. Ils gagnèrent des guerres, s'enrichirent et... consommèrent beaucoup de viandes et autres plats riches. Les soldats devinrent moins endurants, grossirent et furent battus par les Romains nourris de pain d'orge, de millet, lentilles et huile. Même scénario, Romains enrichis, surnourris, amollis et ils furent battus par les barbares...

Les paysans japonais de l'intérieur des terres sont essentiellement végétariens, ils ne consomment pas de produits lactés, mangent du poisson 2 à 3 fois par mois et tirent leurs protéines essentiellement du soja, nourriture à laquelle correspond une capacité d'effort musculaire inconnue chez nous. Les coolies chinois peuvent aisément couvrir en courant 40 kilomètres par jour, sans effort apparent, en se nourrissant exclusivement de riz, de gruau concassé, pommes de terre, châtaignes et racines. Ils disent que la viande les rend moins agiles. D'autres coolies sont capables de courir 110 kilomètres en quatorze heures et demie.

Les exemples ne manquent pas. Tels ces Russes travaillant dans un chantier naval, à la remarquable résistance physique. Ils s'alimentent essentiellement de pain de seigle (1 livre par jour) et d'oignons crus. Même alimentation et performances pour les muletiers espagnols ainsi que pour d'autres micro-peuples essaimés de-ci, de-là sur terre, et étonnants pour leur santé hors pair.

La conclusion est que, nous le savions déjà, notre nourriture occidentale est surabondante et surtout étonnamment déséquilibrée. L'effort quotidien d'assimilation et de digestion est excessif, rendant l'organisme plus fragile et préparant le lit d'un certain nombre de maladies.

Gardons-nous bien de vouloir adapter tous ces exemples d'alimentation à notre propre vie, ne passons pas d'un extrême à l'autre, ce serait ridicule, contraignant et même dangereux. Notre programmation génétique n'est ni celle d'un soldat grec ni celle d'un coolie chinois. Nous en avons l'exemple en petite grandeur avec les vivres inadaptés adressés avec bonne conscience à certains pays d'Afrique.

En temps de guerre, on meurt de décharges de mitraillettes, de faim, mais les maladies dégénératives régressent considérablement de même que l'excès de poids. Pendant le blocus danois dû à la guerre 1939-1945, le professeur Hindliede, spécialiste danois des problèmes de nutrition, avait fait diminuer l'élevage des porcs de 80 pour 100. Il fit ainsi réserver à l'alimentation humaine l'orge, les pommes de terre, le son et les laitages destinés à cet élevage. Cette alimentation appauvrie en graisses animales et enrichie en pain de seigle complet correspondit à une amélioration très nette de la santé publique et à une diminution de la mortalité par maladie ou vieillesse de 17 pour 100. Du jamais vu en temps de paix.

Merci papa, merci maman, vous avez eu faim pendant la guerre, fantasmé sur un œuf coque et le résultat ne s'est pas fait attendre, vous avez surnourri vos enfants. Si vous envoyez un homme ayant souffert de la guerre faire le marché, il reviendra avec tout le superflu, tout le grossissant, tous les éléments de la fête qui le vengeront et le consoleront de ses privations antérieures.

Quant à nous, il est peut-être encore temps de manger autrement pour redresser la barre et résorber nos ceintures épaissies, hanches arrondies et surtout prévenir toutes ces maladies dégénératives, épées de Damoclès suspendues au-dessus de nos têtes. Cela risque de ressembler à un formidable bras de fer entre l'envie de minceur et de bonne santé et l'empire de l'industrie alimentaire. Les plus intelligents sont ceux qui ont déjà corrigé leurs erreurs et mettent des étiquettes santé sur leurs produits, c'est peut-être aussi le nouveau marketing...

3
Qui veut maigrir?

Un sondage effectué par la SOFRES pour un magazine féminin en février 1985 révèle que près d'une Française sur deux dit avoir des kilos à perdre, 45 pour 100 exactement. Parmi celles qui désirent maigrir, les plus nombreuses ont entre 35 et 49 ans et celles qui sont satisfaites de leur poids ont plus de 65 ans. 37 pour 100 désirent perdre de 3 à 5 kilos, 25 pour 100 de 5 à 10 kilos, et 23 pour 100 plus de 10 kilos.

En France, les régimes réussis, c'est-à-dire qui n'ont pas été suivis par une reprise de poids, sont de l'ordre de 15 pour 100. 85 pour 100 auront donc repris le poids perdu... Les jeunes maigrissent le mieux et ne reprennent pas de poids, en seconde position viennent les hommes...

Si vous étiez sur une île déserte, seul, sans miroir, désireriez-vous maigrir? Réfléchissez à cette question, elle détermine la réussite ou l'échec futur de votre régime.

Si votre réponse est « non », cela signifie que vous voulez maigrir pour les autres. Une tentative de régime est alors généralement vouée à l'échec. Entreprendre un régime dans ces conditions n'en vaut pas la peine. Ponctuellement (échéance du maillot) cela peut réussir mais l'échec est quasi assuré dans le temps. Le sondage cité plus haut révèle qu'un tiers des femmes désirant maigrir y renoncerait si demain la mode était aux rondes. 35 pour 100 des candidates à la minceur se reconnaissent influencées par la mode, à des degrés divers.

Si votre réponse est « oui », votre réussite est pratiquement assurée. Les hommes répondent plus volontiers oui que les femmes. L'homme vient consulter parce qu'il a environ 45 ans, peut-être un petit problème de santé, un essoufflement lors de son jogging, une petite hausse de tension, un cholestérol à la limite supérieure de la normale. Il a peur, non pas pour son image par rapport aux autres mais pour sa santé. C'est tout ce qui fait la différence entre la volonté et la motivation. La volonté consiste à faire, grâce à sa force de caractère, quelque chose que l'on n'a pas très envie de faire, la motivation consiste à faire la même chose mais en ayant envie de le faire.

Mais avant toute décision qui pourrait être velléitaire vous devez toujours vous poser la question : « Ai-je intérêt à maigrir ? » Cela n'est pas toujours sûr.

Il n'y a pas de poids idéal, sauf pour les statistiques des compagnies d'assurances et les grands anxieux, mais chacun a « son » poids idéal. On se sent mieux dans son corps à x kilos près, nous avons tous notre poids préféré. Le poids préféré de chacun est une appréciation très personnelle. Si vous lisez les tableaux de rapports poids/taille et que, parce que vous êtes au-dessus de la norme, vous décidez de maigrir, vous avez sûrement tort. Les femmes qui veulent maigrir pour ressembler à l'image des mannequins dans les magazines sont dans l'erreur. Une femme petite et large de bassin ne maigrira pas harmonieusement, elle restera petite et large de bassin, mais en plus maigre. Pour une même taille, un individu se maintient spontanément à 70 kilos, un autre à 80.

Si vous voulez maigrir, demandez-vous d'abord si vous avez intérêt à le faire, demandez-vous ensuite si vous êtes motivé. Entreprendre un régime pour l'abandonner très vite est plus grave que de ne pas en faire du tout. Plus vous ferez de régimes que vous abandonnerez, plus il vous sera difficile de maigrir par la suite. Et cela n'a rien de psychologique, c'est le corps qui décide. En effet, sur de longues périodes, le « bilan d'énergie » de toute personne mince, maigre ou grosse, est à peu près en équilibre. Nous parvenons à ajuster nos dépenses sur nos recettes et c'est heureux. Si, par exemple nous consommons chaque jour 800 calories de trop nous devrions fabriquer 100 grammes de graisse (1 g de lipides fournit 9 calories mais 1 gramme de tissu adipeux, c'est-à-dire de notre graisse, représente 8 calories). C'est-à-dire 36,5 kilos par an, soit 730 kilos en 20 ans de vie adulte. C'est bien entendu impossible. Dans le même esprit et à l'inverse, si vous diminuez votre ration quotidienne de 800 calories, vous devriez perdre 100 grammes par jour, ce qui (malheureusement) ne se produit pas car l'organisme s'habitue.

Tant que l'apport calorique est copieux, l'organisme dépense avec une certaine prodigalité. Si l'on diminue ses apports, il saura lui aussi réduire jusqu'à un certain niveau ses dépenses. Il fait preuve d'une adaptation formidable pour les privations (guerres), mais jamais il n'irait imaginer que l'on se prive volontairement !... Il dépense moins d'énergie pour s'adapter au froid, moins de chaleur après les repas, il économise ses dépenses musculaires, ses émotions, lesquelles provoquent généralement de considérables décharges d'énergie.

C'est pourquoi certaines femmes peuvent dire « tel régime m'avait fait perdre 5 kilos il y a dix ans et à peine 1 aujourd'hui ». Après cet échec, vous vous déciderez à suivre de nouveau un régime et le même scénario se reproduira. C'est un engrenage infernal qui explique en partie pourquoi maigrir vite ne sert à rien. Aux mêmes causes, les mêmes effets. Il ne faut ni faire de régime de famine, ni manger n'importe comment. Il faut rééduquer son alimentation, apprendre à bien se nourrir et petit à petit changer son métabolisme. Il faut apprivoiser son « poids idéal », et c'est pourquoi il est toujours préférable de maigrir jeune. L'organisme se réadapte d'autant plus lentement et difficilement à un régime normal que l'on est plus âgé. Entre 20 et 30 ans, il faut généralement 1 an pour stabiliser son bilan d'énergie. On peut manger n'importe quoi, mais pas n'importe comment et surtout pas de façon déséquilibrée. Rassurez-vous cependant, n'importe qui peut maigrir à n'importe quel âge.

4
Qui doit maigrir ?

Souvent se pose la question, pour le médecin, de savoir s'il faut ou non faire maigrir un patient. En fait, l'obligation de faire maigrir quelqu'un ne s'impose que dans deux cas :

— quand le surpoids pose un problème médical (affections cardiaques, respiratoires, diabète, interventions chirurgicales à prévoir) ou

— quand le patient est jeune (moins de 30 ans) car l'on sait que la perte de poids va entraîner de grandes satisfactions personnelles et surtout que ses chances de réussir sa perte pondérale seront réelles.

Mais ce que nous, médecins, devrions tous systématiquement faire, c'est de la prévention, en apprenant à nos patients à se nourrir correctement non pas tellement pour maigrir que pour conserver un poids optimum. C'est en apprenant à nos patients à changer leur hygiène alimentaire, en leur donnant toutes les chances de changer leur confort de vie, qu'on les met à l'abri de ces fameuses maladies dites dégénératives.

Si un patient veut maigrir coûte que coûte, notre rôle professionnel consiste à lui expliquer à la fois tous les avantages mais aussi tous les inconvénients de cette décision. C'est toujours au patient de choisir en dernier ressort. On ne maigrit jamais ni pour le médecin ni même pour sa petite amie (ou tout au moins le régime ne durera pas).

Maigrir peut entraîner des troubles de la personnalité et faire perdre à certains patients leurs qualités professionnelles, sociales ou familiales. Il ne faut jamais dire : « Madame ou Monsieur, vous n'êtes pas dans les normes des compagnies d'assurances, il faut maigrir. » Décider de maigrir est une simple question de bon sens. Il faut être bien dans sa peau, et si manger est une compensation psychologique importante pour quelqu'un, il ne faut surtout pas risquer une décompensation psychologique importante et créer un déplacement du problème.

Certaines personnes vivent très mal la modification de l'image de leur corps, ce que l'on appelle le schéma corporel. Pour les personnes âgées, maigrir devient suspect, fait maladif. Dans le regard des autres plane l'interrogation muette : « Serait-il atteint d'une maladie grave ? »

Si le fait d'être jeune donne toutes ses chances à la réussite d'un régime, il existe là encore des risques de décompensation psychologique. Je garde toujours présent en mémoire l'exemple d'une patiente de 28 ans qui pesait 95 kilos. C'était ce que l'on appelait une bonne grosse, joviale, gaie, sympathique, toujours prête à rendre service (besoin d'amour ?), très appréciée de ses collègues. Elle a perdu 35 kilos, et progressivement s'est dévoilée une jolie jeune femme qui jusqu'alors n'avait jamais eu de vie sentimentale et sexuelle. Elle s'est transformée en passant du stade de la bonne grosse sympathique à la femme « femme » et s'est trouvée en quelques mois sur le « marché de la femme désirable ». Tout nouveau, tout beau. Elle a goûté très vite aux plaisirs de l'amour. Situations auxquelles elle n'avait pas eu le temps de se préparer psychologiquement.

Passer du rayon femmes fortes au 38 en quelques mois peut modifier n'importe quel individu, on accède à la « normalité », on peut enfin porter n'importe quel jean ou tee-shirt. Très vite, elle a complètement changé de caractère, est devenue odieuse, agressive, insupportable, et par jeu avec moi (ou contre) à la limite de basculer dans l'anorexie mentale. Cette femme canalisait son agressivité en se défoulant dans la nourriture ; ayant perdu cette échappatoire, elle a compensé en modifiant son caractère. C'est le prototype de l'échec du régime amaigrissant réussi...

Certains entrent dans un autre schéma de frustration, en trichant avec eux-mêmes. Ils sont en apparence honnêtes, font bien le régime au moment des repas, mais décompensent en dehors des repas en grignotant des gâteaux. Psychologiquement, ils sont au régime, gommant de leur esprit les nombreux écarts. Évidemment, ils ne maigrissent pas, tout en étant persuadés qu'ils font parfaitement leur régime, ce qui est très frustrant.

III

Les aliments

Parce que nous mangeons des aliments et non des molécules chimiques, il nous semble plus logique d'étudier les aliments par groupes et non par la classique division glucides, lipides, protides. Rassurez-vous, nous verrons plus tard cette obligatoire division.

Il existe 6 groupes alimentaires différents dans lesquels nous puisons la totalité de nos besoins.

1. le lait et les produits laitiers.
2. la viande, les œufs et le poisson.
3. les matières grasses végétales et animales.
4. les céréales et produits sucrés.
5. les légumes et fruits.
6. les boissons.

1
Le lait et les produits laitiers

LE LAIT

Aliment riche en protéines et sels minéraux, le lait est l'aliment de la vie entière. C'est la source de protéine animale la moins coûteuse et la plus indispensable. Il remplace avantageusement la viande mais ne peut être remplacé par elle (en raison de sa richesse en calcium que n'ont pas les produits carnés). S'il existe des différences dans l'assimilation du calcium des aliments, le calcium du lait est lui parfaitement assimilable.

Il contient :

— *Des protéines* qui sont semblables à celles des œufs et de la viande tant au point de vue biologique que digestible, nettement supérieures aux protéines végétales. Sur le plan protidique, 1/2 l de lait = 100 g de viande ou de poisson = 75 g de camembert = 60 g de gruyère = 2 œufs.

— *Des glucides* avec le lactose.

— *Des lipides* dont la quantité est fixée par la loi pour le lait du commerce :
— 36 g par litre pour le lait normal (étiquette rouge)
— 18 g par litre pour le lait 1/2 écrémé (étiquette bleue)

— des traces pour le lait écrémé (étiquette verte).

— *Des vitamines* : si, théoriquement, le lait contient des vitamines A, B, C, D, PP et E au moment de la traite, il faut savoir que la vitamine C est détruite dans les heures qui suivent, la vitamine D n'existe pratiquement pas dans le Marché commun, la vitamine B2 est détruite à la lumière (nécessité d'emballage opaque) et la vitamine A n'existe pas dans le lait écrémé... Cette absence de vitamines A dans le lait écrémé impose de ne pas le recommander aux enfants.

— *Des minéraux* avec le calcium surtout, puisque le lait en est la source alimentaire la plus riche, et du phosphore.

LES PRODUITS LAITIERS

Au premier rang, les fromages qui permettent de consommer des nutriments essentiels du lait sous une forme différente, généralement mieux appréciée par l'adulte (voir la symbolique alimentaire). Les quelque 388 fromages existant en France font varier les plaisirs pour une composition chimique relativement proche. La différence porte sur le taux de lipides (matières grasses) lié à la teneur en eau ; en effet, les taux de matières grasses sont toujours calculés par rapport à l'extrait sec. Un camembert affichant 45 pour 100 de matières grasses et qui contient 50 pour 100 d'eau ne représente en réalité que 22,5 grammes pour 100 grammes alors qu'un gruyère affichant 45 pour 100 de matières grasses mais ne contenant que 30 pour 100 d'eau représentera en fait 31,5 grammes de matières grasses pour 100 grammes. Par ailleurs, la ration normale en camembert est de 25 à 30 grammes alors qu'elle est de 60 à 80 grammes pour le gruyère...

Les yaourts présentent les mêmes qualités que le lait avec lequel ils ont été fabriqués. Lait écrémé pour les yaourts maigres, lait 1/2 écrémé dans les autres cas, ils sont additionnés de lait écrémé en poudre. Dans le cadre d'un régime amaigrissant, le choix 0 pour 100 ou normal n'est pas fondamental, mais l'on doit toujours les choisir nature.

2
Viandes, œufs, poissons

Comme le lait et les produits laitiers, ce groupe d'aliments est riche en protéines nécessaires à la construction de l'organisme ; cependant, leur pauvreté en calcium ne permet pas de substitution.

VIANDE, VOLAILLE, GIBIER

Bien que leur consommation quotidienne soit nécessaire, nous en consommons beaucoup trop. Pour le bœuf, le veau, le mouton et le porc, en 1786, 19 kilos par an, en 1938 : 44 kilos, en 1983 : 111 kilos ; parallèlement, la consommation norvégienne était de 51 kilos et japonaise de 31 kilos par an et par habitant.

— *Les protéines* représentent en moyenne 20 pour 100 du poids et sont absorbées à 95 pour 100 par la muqueuse digestive. Riches en acides aminés essentiels, elles sont d'excellente valeur biologique. Toutes les viandes ont à peu près la même valeur plastique, la différence essentielle dans le cadre des régimes porte sur :

— *Les lipides* qui varient en fonction de l'espèce, de l'engraissement, du type d'alimentation, de l'âge, et de la catégorie des morceaux. Plus un animal court vite, moins il fait grossir. Le cheval a un taux moyen de lipides de

2 pour 100, le veau de 10 pour 100, le bœuf et le mouton de 20 pour 100, le porc de 30 pour 100. Les lipides de la viande sont riches en cholestérol, pauvres en vitamines et de digestion difficile. La consommation excessive de viande déséquilibre notre balance alimentaire au profit de ces lipides responsables de nos trop nombreuses maladies dégénératives. Les gibiers, pauvres en lipides, sont très intéressants pour les régimes amaigrissants.

— *Les minéraux* essentiels sont le soufre, le cuivre, le sodium, le zinc, le manganèse, le fer, le potassium et le phosphore. La pauvreté en calcium implique le rajout obligatoire de produits laitiers à la ration alimentaire quotidienne. La richesse en fer en fait la principale source de notre alimentation, bien supérieure au fer de provenance végétale.

— *Les vitamines* sont essentiellement du groupe B et PP en partie détruites à la cuisson. Les vitamines liposolubles A et D sont peu nombreuses (sauf dans le foie), la vitamine C est pratiquement inexistante ici.

Le mode de cuisson fait varier considérablement la valeur nutritive de la viande :
— La cuisson à l'eau (ébullition) entraîne une perte d'eau de 40 pour 100. Les protéines sont modifiées au niveau de leur structure, entraînant des modifications de consistance et de goût. Les sels minéraux sont détruits aux 2/3 à l'exception du fer. Les vitamines B et PP sont détruites à 50 pour 100.
— La cuisson à l'étouffée dans un minimum de liquide, à feu très doux et sans matières grasses permet la préservation des sels minéraux et des vitamines en donnant un goût excellent à la viande.
— La cuisson braisée a les mêmes qualités, exception faite des matières grasses qui sont moins digestes.
— La cuisson en autocuiseur est celle qui préserve le mieux les qualités… si le mode d'emploi est parfait. Quantité d'eau et temps de cuisson minima.

— Rôtis et grillades entraînent une croûte extérieure empêchant la diffusion des sucs. Si la cuisson est brève, les sels minéraux et les vitamines sont bien conservés.

— Le four à micro-ondes préserve parfaitement les qualités nutritionnelles, mais la cuisson est uniforme et l'aspect peu appétissant pour les viandes et volailles.

LES ABATS

Le foie est aussi riche en protéines que la viande, mais son taux de matières grasses est très inférieur. Il présente de très bonnes qualités minérales et vitaminiques principalement en vitamines A et D quasi inexistantes dans la viande. Organe d'épuration, il peut concentrer les substances rencontrées par l'animal au cours de sa vie (antibiotiques, pesticides, engrais...). Qu'ils soient de veau, d'agneau, de porc ou de génisse, tous les foies ont les mêmes qualités nutritives.

Si les abats sont généralement riches en minéraux, ils le sont aussi en acide urique, en cholestérol et en sodium, les faisant interdire chez les goutteux, hyperuricémiques, hypercholestérolémiques et personnes justifiant d'un régime pauvre en sel. Leur faible teneur en lipides permet leur large consommation dans le cadre d'un régime amaigrissant.

LA CHARCUTERIE

La production totale française en 1983 a été de 900 000 tonnes... Riche en lipides saturés et en cholestérol, en purines, en acide urique et en sodium, la charcuterie est contre-indiquée chez les jeunes enfants, femmes enceintes et vieillards ; évidemment aussi chez les hypercholestérolémiques, goutteux, hyperuricémiques, dans les régimes hyposodés et chez les obèses.

Faciles à transporter, très nourrissantes, ne demandant pas de préparation, les charcuteries et salaisons ne doivent pas systématiquement être éliminées de la nourriture des gens normaux. Elles doivent être consommées avec mesure, en remplacement d'un plat de viande ou de poisson.

LE POISSON

4 pour 100 de notre alimentation viennent de la mer (dont 8 millions de tonnes en élevage) alors que les 4/5 de la vie animale s'y développent. Les Anglais en consomment 127 kilos par an et par personne, les Norvégiens 50, les Japonais 36, les Français 9. Le poisson, boudé à tort, convient particulièrement à tous ceux qui veulent suivre un régime amaigrissant.

— *Les protéines* : comme la viande, le poisson contient en moyenne 20 pour 100 de protéines de bonne valeur biologique, 10 à 12 pour 100 pour les huîtres et les moules. Les glucides sont là aussi pratiquement inexistants.

— *Les lipides* varient de 5 à 25 pour 100. Ce sont des « acides gras mono et poly-insaturés » permettant une excellente digestibilité et faisant recommander le poisson non seulement dans les régimes amaigrissants mais également chez les hypercholestérolémiques. Il existe 3 catégories de poissons :
— les poissons maigres contenant 5 pour 100 de matières grasses : cabillaud, colin, dorade, limande, sole, raie, bar, etc. ;
— les poissons demi-gras contenant 2 à 8 pour 100 de matières grasses : saumon frais, hareng frais, turbot, maquereau, etc. ;
— les poissons gras contenant plus de 10 pour 100 de matières grasses : saumon fumé, hareng fumé, thon, sardine, etc. ;
Les crustacés sont très voisins des poissons quant à leurs qualités nutritionnelles, les lipides sont en quantité très faible, de 1 à 2 pour 100. La langouste et la crevette, comme les abats, sont riches en cholestérol.

Le plus gras des poissons est plus maigre que la plus maigre des viandes (la viande de cheval exceptée).

— *Les minéraux* sont sensiblement les mêmes que ceux de la viande. Pauvre en calcium, riche en phosphore, le poisson est également décalcifiant et là encore on ne peut le substituer à l'apport en produits laitiers. On y trouve en quantité importante de l'iode, du potassium, du chlore et du sodium.

— *Les vitamines* sont celles du groupe B ainsi que la vitamine A et la vitamine D.

Le poisson, parce qu'il est pauvre en tissu conjonctif, est très digeste et séjourne peu dans l'estomac. C'est à cause de sa parfaite digestibilité qu'on le croit, à tort, peu nourrissant. Les allergies ou intolérances au poisson sont généralement dues à la consommation de produits à la fraîcheur douteuse : en effet, la dégradation de la chair libère de l'histamine, produit éminemment allergisant. On peut donner du poisson aux enfants dès l'âge de 6 mois, en commençant par de petites quantités. L'ichtiosisme est la sensibilité en des points géographiquement limités à des poissons rendus toxiques par des polluants (Minimata au Japon, mais tout simplement aussi peinture des bateaux coulés). Les troubles nerveux et urinaires sont rarement très graves.

L'ŒUF

Économique, facile à préparer de multiples façons, propre (les œufs d'élevage ne contiennent pas de germe), c'est la protéine de référence. Les œufs contiennent les acides aminés indispensables en proportion idéale. Ils sont classés en 3 catégories :
— A extra-frais : ils ont moins de 7 jours.
— A frais : ils ont entre 7 jours et 3 semaines.
Seule cette catégorie se trouve dans le commerce.
— B : ils ont moins de 12 semaines et doivent être réservés aux préparations culinaires très cuites.
— C : ils sont réservés à l'industrie alimentaire.

Les œufs doivent être conservés au frais, à l'abri de l'air, petite pointe en bas pour ne pas écraser la chambre à air. Pour un poids moyen de 60 grammes, les œufs contiennent 14 pour 100 de protéines, soit 8 grammes par œuf. Ces protéines sont excellentes, permettant une consommation pluri-hebdomadaire tant pour les adultes que pour les enfants.

— *Les lipides*, contenus uniquement dans le jaune, représentent 12 pour 100, soit 8 grammes du poids de l'œuf, principalement sous forme de cholestérol : 270 mg.

— *Les minéraux* sont surtout le fer, le phosphore et le soufre.

— *Les vitamines* du groupe B, la vitamine A, la vitamine D et la vitamine E sont surtout concentrées dans le jaune. Un œuf apporte plus de vitamines A que 10 grammes de beurre. Si l'alimentation des poules influence la valeur vitaminique, la couleur du jaune n'est liée qu'à la pigmentation.

Les œufs cuits à l'eau sont faciles à digérer. L'œuf dur semble plus difficile à digérer parce qu'il séjourne plus longtemps dans l'estomac ce qui en fait un avantage dans les régimes amaigrissants. Les œufs cuits dans les corps gras sont moins bien digérés en raison du rajout de corps gras. Il est tout à fait possible de manger des œufs quotidiennement à la condition de ne pas dépasser deux œufs à la fois. Les lipides contenus dans le jaune ont la particularité de faire contracter la vésicule biliaire ; ce n'est pas un inconvénient chez les sujets normaux, mais cela peut être désagréable chez certains. Rappelons que la « crise de foie » est une spécialité bien française, fort rare outre-Atlantique et même niée outre-Manche.

3

Les corps gras

Les corps gras ou graisses ou lipides sont ceux qui contiennent le plus de calories sous le plus faible volume. 1 gramme de lipide = 9 calories. Terreur des régimes, traqués, ils sont pourtant indispensables pour leur rôle plastique notamment au niveau du tissu nerveux. S'il est vrai que nous ne pouvons nous en passer, l'idéal étant 1 gramme par kilo et par jour, il n'en reste pas moins que nous en consommons beaucoup trop. Encore une fois, nos problèmes ne proviennent pas de ce que nous mangeons mais de la façon dont nous le mangeons.

Les corps gras alimentaires proviennent à peu près pour moitié de ceux qui existent naturellement dans l'alimentation (lait, viandes, poissons, fromages) et pour moitié de ceux que nous rajoutons (huile, beurre, etc.). Les lipides sont composés d'acides gras et d'alcools. Les acides gras des lipides peuvent être saturés ou non. La saturation des acides gras est importante car c'est d'elle que va dépendre le pouvoir hypercholestérolémiant ou au contraire hypocholestérolémiant des graisses que nous consommons.

Succinctement, disons que les graisses animales sont riches en acides gras saturés. Ces acides sont solides à température ordinaire (excepté les huiles de poisson), longs à être absorbés et hypercholestérolémiants. Les graisses végétales, au contraire, sont riches en acides gras insaturés. Ces acides sont liquides à la température ordinaire (excepté la graisse de coco et la graisse de palmiste) et sont rapidement absorbés par la muqueuse intestinale. Sensibles à l'oxygène sous l'action de la lumière, ils rancissent et doivent donc être conservés au frais. Ils sont hypocholestérolémiants.

Les deux alcools sont le glycérol et les stérols.

Le glycérol (autorisé en biscuiterie sous le terme E 422) se combine avec des acides gras pour donner des mono-, bi- ou tri-glycérides (regardez donc vos prises de sang...). La quasi-totalité des graisses alimentaires animales ou végétales sont des triglycérides. Le taux normal chez l'homme varie entre 0,5 et 1,5 gramme par litre.

Les stérols ont un rôle fondamental :

L'ergostérol donne la vitamine D2, le cholestérol est indispensable car précurseur des hormones stéroïdes (testostérone, progestérone, œstrogènes, aldostérone, cortisol) et des acides biliaires. Si nous pouvons en fabriquer nous-mêmes par l'intermédiaire du foie et des intestins, il faut cependant noter que dans les populations à régime pauvre en viande, le taux moyen est d'environ 1 gramme par litre de sang, alors qu'il est en Occident plutôt aux alentours de 2,20 grammes...

Le cholestérol est transporté de deux façons. Il est véhiculé du foie et de l'intestin vers les organes par les « LDL » (low density lipoproteins) ou bêta-lipoprotéines, et dans le sens inverse par les « HDL » (high density lipoproteins) ou alpha-lipoprotéines. Le taux élevé d'HDL évite la stagnation et donc la fixation du cholestérol au niveau des organes et du sang. Plus importante que la valeur de la cholestérolémie qui ne signifie pas grand-chose, c'est le rapport HDL/LDL qui est important. Plus ce rapport est élevé, moins il y a de risque. Au contraire, un rapport bas impose la diminution des graisses alimentaires, en particulier celles d'origine animale au profit d'une augmentation des graisses d'origine végétale riches en acides gras insaturés.

LE BEURRE ET LA CRÈME

Le beurre contient au maximum 16 pour 100 d'eau et

84 pour 100 de lipides. Pauvre en acides gras insaturés, il est riche en cholestérol. Après le foie, c'est l'aliment le plus riche en vitamine A, il est indispensable à la croissance. La teneur en vitamine D est variable, plus importante l'été. Le beurre, s'il est consommé cru ou fondu, est le plus digeste de tous les corps gras en raison de son pouvoir d'émulsion élevé dans le tube digestif. Aux environs de 120°, il fume, noircit et surtout libère des produits toxiques qui seraient cancérigènes. La cuisine au beurre, plus qu'une aberration diététique, est un danger et devrait être rigoureusement interdite. A noter l'apparition d'un beurre allégé (41 pour 100) qu'on peut faire cuire, dont l'usage est recommandé.

La crème contenant 70 à 80 pour 100 d'eau et 20 à 30 pour 100 de lipides est nettement moins calorique que le beurre et l'huile qu'elle peut remplacer dans les salades. Les nouvelles crèmes à 12 pour 100 sont encore plus avantageuses. La crème est également riche en vitamine A.

LES AUTRES GRAISSES ANIMALES

Le lard, le saindoux, la graisse d'oie, la graisse de bœuf contiennent 90 à 100 pour 100 de matières grasses. Très riches en acides gras hypercholestérolémiants et en cholestérol, elles ne doivent être utilisées que ponctuellement et jamais quotidiennement.

LES HUILES VÉGÉTALES

Elles sont issues soit de certaines graines oléagineuses (arachide, tournesol, soja, colza, maïs, pépin de raisin), soit de certains fruits (olive, noix). Elles ont en commun la présence d'acides gras insaturés.

L'huile d'arachide contient 19 pour 100 d'acides gras poly-insaturés et 60 pour 100 d'acides gras mono-insaturés. C'est cette prédominance d'acides gras mono-insaturés qui lui donne sa plus grande stabilité à la chaleur. Le raffinage poussé qu'elle subit détruit les antioxygènes naturels comme la vitamine E, ce qui la fait rancir rapidement. Sa température critique élevée (180°) permet son utilisation pour les fritures et les cuissons, mais, peu fluide alors, elle laisse les aliments gras et peu digestes.

A l'inverse, l'huile de tournesol (mais aussi de maïs, de pépin de raisin, de soja...) qui contient 61 pour 100 d'acides gras poly-insaturés contre 27 pour 100 d'acides gras mono-insaturés est plus fragile à la chaleur. Très hypocholestérolémiantes, elles sont idéales pour la prévention de l'hypercholestérolémie et donc de l'athérosclérose. 20 grammes d'huile de tournesol, en apportant 10 grammes d'acide linoléique, suffisent à couvrir les besoins en acides gras insaturés. Il vaut mieux ne pas trop les cuire. Attention, il ne faut pas confondre avoir du cholestérol et grossir. Sur un plan calorique, toutes les huiles « font grossir » de la même façon.

L'huile d'olive est la seule à ne pas être raffinée, elle est extraite par simple pression à froid des fruits. Riche en vitamines A et E, c'est l'huile recommandée pour la consommation crue. Riche en acides gras mono-insaturés, elle supporte des températures élevées (210°), son seul inconvénient étant l'odeur forte qu'elle dégage. Il faut toujours exiger de l'« huile d'olive vierge ».

LES GRAISSES VÉGÉTALES

La margarine est une émulsion contenant 16 pour 100 d'eau ou de lait et un mélange de corps gras solides (palme, coprah, palmiste) ou liquides (tournesol, soja, huile de poisson). Ce sont les matières premières utilisées qui influent sur le taux d'acides gras essentiels. Les margarines standards ou mixtes sont dures, riches en cholestérol. Les margarines tartinables ont une teneur en acides gras essentiels plus importante. Les margarines de tournesol ou de maïs peuvent avantageusement remplacer le beurre dans la cuisine. Elles ne doivent cependant pas être trop cuites et en tout cas jamais utilisées pour les fritures. La composition calorique est pratiquement la même que celle du beurre, environ 800 calories pour 100 grammes avec un apport suffisant en vitamine A, ce qui ne les contre-indique pas chez l'enfant.

La végétaline contient 90 pour 100 d'huile de coco et 10 pour 100 d'huile de palmiste. Très calorique, 900 calories pour 100 grammes, c'est le plus fluide des corps gras à chaud, permettant donc aux fritures de bien s'égoutter.

4

Féculents et produits sucrés

Si, globalement, l'évolution de l'homme est plutôt positive, en matière alimentaire il n'en est malheureusement pas de même. Toujours plus de viande, toujours plus de laitages, toujours plus de produits sucrés, de moins en moins de pain et de légumes secs. Nous mangeons trop de graisses animales et de glucides à absorption rapide, nous ne mangeons pas suffisamment de ces glucides d'absorption lente qui nous permettraient de rééquilibrer notre alimentation. Pour le pain, nous consommions en 1900 450 grammes par jour et par habitant, en 1958, 282 grammes, en 1974, 182 grammes ; l'accélération de la baisse de consommation s'est amplifiée, en 1980 : 180 grammes, en 1981 : 170 grammes, en 1983 : 165 grammes. En 1984, arrêt de la baisse et même infime augmentation avec 167 grammes par jour et par personne. C'est peut-être un début. En tout cas, nous devrions manger de 250 à 400 grammes de pain par jour. Ces aliments bon marché sont notre principale source énergétique.

Tous ces aliments sont riches en glucides, glucides qui sont de deux types, les solubles et les insolubles. Sur un plan pratique, il vaut mieux distinguer les glucides d'absorption rapide de ceux d'absorption lente.

Les sucres d'absorption rapide apportent du glucose, du fructose, du galactose (c'est le groupe des monosaccharides), du saccharose, du maltose, du lactose (c'est le groupe des disaccharides). On les trouve dans le sucre, les fruits, les bonbons, chocolats, confiseries, confitures, miel et pâtisseries. Leur énergie est immédiatement utilisable, ce sont les aliments de l'effort physique. L'augmentation du taux de sucre dans le sang oblige le pancréas à sécréter des taux importants d'insuline qui est l'hormone régulatrice de la glycémie avec deux conséquences : le risque de vertige hypoglycémique s'il existe une mauvaise régulation avec la possibilité à long terme de voir s'installer un diabète, le stockage en graisse si cet aliment énergétique de l'effort physique n'est pas consommé par l'exercice musculaire...

Les sucres d'absorption lente apportent surtout de l'amidon. Pain, pommes de terre, pâtes, riz, légumes secs, maïs, seigle, farines, biscuiteries, pâtisseries en contiennent. Leur énergie est libérée plus lentement et surtout plus uniformément. Une place particulière est tenue par la cellulose, constituant principal des membranes de toute cellule végétale. Non digestible et surtout non énergétique, elle ne peut être considérée comme un aliment mais elle assure un rôle indispensable en servant de ballast au transit intestinal par le volume qu'elle donne aux matières et par la stimulation qu'elle exerce sur les mouvements de l'intestin. Attention cependant, car il existe deux types de cellulose : celle des légumes et des fruits, douce, ne diminuant ni l'absorption du calcium ni celle des protéines, n'accélérant pas le transit, obligeant la consommation simultanée de légumes cuits pour en manger davantage, et celle des céréales (entre autres, le célèbre son) et des légumes secs, vieillie, irritante, laxative et donc gênant l'absorption du calcium et des vitamines.

LES CÉRÉALES

Longtemps base de l'alimentation humaine, elles fournissent encore en moyenne 60 pour 100 de la ration calorique de la planète avec des écarts se situant entre 80 pour 100 pour le tiers monde et 35 pour 100 pour nos pays occidentaux plus amateurs de viande (et donc de graisse...).

Les glucides sont le composant le plus important des céréales, 70 à 80 pour 100, essentiellement sous forme d'amidon.

Les lipides, 2,5 à 5 pour 100, sont contenus dans le germe et sont généralement détruits lors du raffinage.

Les vitamines des groupes E, B et PP sont en quantité variable selon les céréales mais là encore, éliminées à la mouture, tout comme les minéraux, essentiellement du fer, du magnésium, du phosphore et du potassium.

Les protéines, appelées gluten, représentent 8 à 14 pour 100 de la composition. Comme la plupart des protéines végétales, elles sont déséquilibrées, impliquant leur association soit avec des produits laitiers, des œufs, de la viande, du poisson, soit avec des légumineuses. Ces associations sont bien connues dans les pays pauvres : riz, lentilles en Inde — maïs, haricots ou pois secs en Amérique du Sud — couscous, pois chiches en Afrique du Nord.

La cuisson est obligatoire car notre tube digestif, à la différence de celui de certains animaux, ne peut digérer l'amidon cru.

— *Le blé*. Cultivé dans le monde entier, adapté aux climats les plus divers, c'est la céréale la plus produite mais avec des rendements variant de 10,71 quintaux à l'hectare pour l'Afrique à 45 pour l'Europe...

Les blés durs (14 pour 100 de gluten) donnent les semoules et pâtes alimentaires.

Les pâtes ont une place importante dans l'alimentation du fait de leur faible coût. Fabriquées avec 80 pour 100 de semoule et 20 pour 100 d'eau, elles peuvent être enrichies avec du gluten, du lait et des œufs.

Si les pâtes aident à la préparation de repas complets et équilibrés, il faut savoir pour ne pas se tromper que 60 grammes de pâtes représentent 220 calories, si l'on rajoute 10 grammes de beurre nous passons à 310 calories, et si l'on rajoute encore 30 grammes de gruyère, nous arrivons à 400 calories, c'est-à-dire le double du départ...

— Les blés tendres (12 pour 100 de gluten) donnent les farines et les céréales à petit déjeuner.

Le pain est constitué de farine, d'eau (30 pour 100), de sel (1,5 pour 100) ensemencé avec de la levure.

Les pains fantaisie sont enrichis en matières grasses, sucre, etc.

Le pain complet doit être fabriqué avec une farine contenant encore les enveloppes des grains de blé. Le pain au levain est préparé sans levure. Le pain bis est fabriqué avec une farine contenant 80 pour 100 de son. Le pain de seigle est fait de farine de seigle et d'une autre farine (blé ou froment) devant entrer pour moins de 35 pour 100 de la composition.

Le pain de campagne ne correspond à rien d'officiel, il est à la fois libre de composition et de tarif...

Le pain ordinaire contient 60 pour 100 de glucides d'absorption lente, 1,5 pour 100 de lipides, 7 pour 100 de protides et environ 30 pour 100 d'eau. La cellulose varie entre 0,3 pour 100 et 1,5 pour 100 pour le pain complet.

La biscotte, faux ami de beaucoup de régimes, est une mystification pour qui veut maigrir. Certes plus digeste (car davantage d'amidon cuit), elle bourre moins car déshydratée (l'eau ne fait pas grossir), et contient des matières grasses, du sucre et du lait. Les pains grillés vendus conditionnés ne contiennent ni sucre, ni matières grasses, ni lait... ni eau.

Les biscuits : aussi variés que riches, ils contiennent à peu près tout ce qui peut contribuer à déséquilibrer la ration alimentaire correcte.

— *Le riz* : 8 000 variétés mondiales que l'on peut classer en 3 types :
— Le riz à grains ronds : très riche en amidon, il colle à la cuisson. C'est le moins cher.
— Le riz à grains moyens : voir ci-dessus, mais un peu plus gros...

— Le riz à grains longs : le plus apprécié (basmati, surinam) et le plus consommé, c'est le plus pauvre en amidon. Il ne colle pratiquement pas.

Le riz subit après sa récolte un long processus de raffinage. On enlève d'abord l'écorce, inconsommable, il devient alors riz cargo (ou riz brun ou riz complet). S'il conserve toute la partie vitaminique du grain entier, sa richesse en fibre peut faire qu'il soit assez mal supporté, l'accélération du transit occasionnée entraînant l'élimination d'une partie des nutriments absorbés. Le riz blanc est obtenu après élimination de la dernière enveloppe du riz cargo. Il peut alors être poli et glacé. Mise à part l'esthétique, ceci est un non-sens diététique puisqu'il faudra le relaver avant utilisation.

Depuis un quart de siècle, afin de remédier au déficit en vitamine B1, on fait subir un étuvage au riz, immédiatement après sa récolte et avant toute décortication. Cet étuvage a pour but de fixer les vitamines et les sels minéraux à l'intérieur du grain. On le sèche ensuite, sous vide d'abord pour éviter qu'il ne colle, à l'air ensuite. Le riz étuvé (brun ou blanc) ne colle jamais. On le trouve dans le commerce sous forme de riz précuit ou de riz incollable. Son prix plus élevé est très largement compensé par sa valeur alimentaire.

Le riz est d'un grand intérêt diététique. Son amidon est avec celui du manioc (tapioca) le mieux supporté. Sa pauvreté en sodium le rend utile dans les régimes désodés de même que sa pauvreté en fibre en fait l'aliment féculent de choix des régimes devant épargner le travail gastrique et intestinal. Très riche en glucides lents, il doit être de consommation mesurée dans les obésités et dans les diabètes.

— *Le maïs.* Originaire des zones chaudes, on le cultive un peu partout maintenant. Anciennement déséquilibré, les progrès de l'agronomie en ont fait un aliment plus complet d'utilisation variée : en légume, en huile, en céréales à petit déjeuner, en pâtisserie (Maïzena), en semoule et en pop-corn.

— *L'avoine.* Riche en protéine (12 pour 100), c'est aussi la plus riche des céréales en lipides. On l'utilise surtout sous forme de farine (porridge) et de flocons.

— *Le manioc.* Essentiellement utilisé en Europe sous la forme de son amidon, le tapioca. C'est l'aliment de choix du bébé et du vieillard par son extrême digestibilité.

— *Les céréales à petit déjeuner.* Particulièrement digestes, elles sont généralement bien tolérées. Parfois cependant, elles sont enrichies en son et peuvent être irritantes si elles sont consommées en quantité trop importante. Leur valeur diététique est analogue à celle de la céréale d'origine sans oublier de rajouter les inévitables sucres et matières grasses additionnées... Leur préparation (en France) leur fait perdre la quasi-totalité des vitamines et des protéines. Bien entendu, pour les pays anglo-saxons, elles sont enrichies en vitamines B1, B2 et PP...

LE SUCRE

Issu de la cristallisation du jus extrait de la canne à sucre ou de la betterave, son goût et sa composition sont strictement identiques comme ne le laisse pas penser son prix. C'est l'aliment le plus énergétique, assimilé en quelques minutes par l'organisme, il est la nourriture du cerveau qui en requiert 120 grammes par jour. Excellent tranquillisant, il permet la résolution de bien des problèmes... il peut aussi en créer grâce à la prise de poids.

En cas de régime alimentaire, mais surtout pour avoir une meilleure hygiène de vie, le sucre sous sa forme raffinée est une des premières choses à supprimer. Responsable de nombreux troubles nutritionnels, il fait le lit de l'athérosclérose et est le facteur essentiel de l'obésité. Pendant des millénaires, l'homme a vécu en tirant son énergie de glucides complexes à assimilation lente, autrement dit les sucres lents provenant des céréales. Le saccharose, sucre raffiné (sucre de table, en poudre ou en morceaux) est un produit industriel récent inconnu de l'organisme. Si nous pouvons sans trop de risque en absorber de 15 à 35 grammes par jour, c'est-à-dire de 3 à 7 morceaux, nous en consommons 36 kilos par an (en 1900 : 16 kilos), soit 100 grammes par jour ou 20 morceaux...

Présent la plupart du temps sous forme invisible, il se cache dans les boissons sucrées (10 à 25 morceaux par litre), dans les conserves (8 morceaux dans une boîte de petits pois de 900 grammes), dans les gâteaux, glaces, confitures, biscuits, produits laitiers aromatisés, ketchup, petits pots pour bébés et autres corn-flakes. Nous sommes devenus des toxicos de cette autre poudre blanche, moins toxique à court terme, mais pas forcément à long terme. Et cela va très vite, deux cafés sucrés, un peu de confiture ou de miel, un verre de soda et le compte est bon... Les sucres lents sont digérés lentement et libèrent le glucose lentement dans le sang en six à huit heures, évitant ainsi les à-coups de production d'insuline. Les sucres rapides nécessitent un travail digestif insignifiant et passent très vite dans le sang, ils entraînent une production accrue d'insuline qui redéclenche les mécanismes de faim... et favorise l'accumulation de graisse.

— *Le miel.* Connu depuis l'Antiquité, son pouvoir sucrant est un peu supérieur à celui du sucre. N'en déplaise à certains, il n'est pas d'un intérêt nutritionnel supérieur au sucre malgré son prix et son « naturel ».

— *Les confitures.* Pur fruit, pur sucre, elles ne contiennent que 5 pour 100 de sucre des fruits, les autres 65 pour 100 étant du sucre ajouté... Selon leur mode de préparation, elles conservent plus ou moins les minéraux des fruits.

5

Fruits et légumes

Bien que très différents dans leur composition, ils se caractérisent cependant par leur richesse en eau, voisine de 90 pour 100. Leur valeur énergétique, généralement faible, dépend de leur teneur en glucides. Parmi ces glucides on trouve de l'amidon : 6 pour 100 dans les légumes verts, 10 pour 100 dans les carottes, betteraves, navets, radis, céleris, 15 pour 100 dans les haricots verts, petits pois, 20 pour 100 dans les pommes de terre ; du saccharose parfois (oignons, carottes) ; du glucose et du fructose dans les fruits, allant de moins de 10 pour 100 pour les agrumes à plus de 15 pour 100 pour les raisins, les figues ou les dattes.

Les sels minéraux sont également en proportions variables. En règle générale, du calcium (agrumes, choux), du potassium et du magnésium (bananes, figues, légumes à feuilles), du fer et du cuivre (légumes à feuilles).

La teneur en vitamines est d'autant plus importante que fruits et légumes sont consommés crus et qu'ils sont colorés (en rouge ou en vert). Ce sont les principales sources de vitamine C avec par ordre décroissant :

— pour les légumes : persil, chou vert, poivron vert, épinard, cresson, chou-fleur, tomate et radis ;

— pour les fruits : cassis, goyave, kiwi, fraise, orange, citron, pamplemousse.

Le carotène ou provitamine A est surtout abondant dans les légumes ou les fruits les plus colorés : persil, cresson, oseille, abricot, carotte bien sûr.

Au total, plus les légumes et les fruits sont colorés, plus ils sont mûrs et bien frais, plus ils contiennent de ces deux vitamines.

La principale qualité des légumes et fruits frais est leur richesse en fibres. Les fibres accroissent le volume des selles (évitent la constipation), diminuent la quantité de glucose et d'acides gras dans le sang, réduisent la quantité d'aliments ingérés en donnant une impression de satiété. Si elles sont douces chez les végétaux frais, elles peuvent devenir agressives à mesure du vieillissement, il vaut mieux râper les légumes à fibres résistantes tels que céleri et carotte.

Les vitamines et les fibres sont tellement conditionnées par la cuisson que les valeurs nutritionnelles sont totalement modifiées. L'on a ainsi pris l'habitude de séparer en 2 catégories :
— groupe 5 : légumes et fruits crus,
— groupe 6 : légumes et fruits cuits.

La cuisson modifie essentiellement, sur un plan nutritionnel, la teneur en vitamines. Les vitamines B1 et C sont détruites à près de 80 pour 100, le carotène à 40 pour 100 ; les sels minéraux diffusent dans le milieu de cuisson ; les fibres deviennent plus facilement digestes, ce qui est utile chez les colitiques ; l'amidon est dextrinisé, ce qui le rend attaquable par les sucs digestifs.

Les végétaux crus :
— gardent leur eau,
— gardent leurs sels minéraux,
— gardent leurs vitamines d'autant plus que la peau est épaisse (agrumes), d'autant moins que la feuille n'est pas protégée (légumes à feuilles),
— la cellulose n'est pas irritante si le légume est frais, mais le devient si le légume a vieilli, obligeant alors à une cuisson prolongée.

Le meilleur mode de cuisson est la cuisson à couvert en

four à micro-ondes, exigeant pas ou peu d'eau, se faisant en un temps très court, à l'abri de l'air.

La cuisson à la vapeur, en autocuiseur est excellente à la condition de parfaitement savoir se servir de l'autocuiseur et de bien respecter les temps ce qui est, hélas, bien rare.

Les cuissons à l'étouffée et à l'eau sont celles qui détruisent le plus vitamines et sels minéraux.

Faut-il consommer l'eau de cuisson ? Certains disent oui car l'on y retrouve les minéraux, d'autres disent non car l'on y retrouve aussi les pesticides...

6
Les boissons

L'eau représente 70 pour 100 de notre corps. Si l'on peut se passer de manger (35 ans avec une hostie chaque matin, 70 jours « couramment »), on ne tient que quelques jours (3 ou 4) sans boire. Boire est une nécessité; la respiration, la transpiration, les reins et l'intestin nous font éliminer 2,5 litres par jour. Nos besoins de boisson sont de l'ordre de 1,5 litre quotidiennement. Nous ne buvons pas assez, nous souffrons de calculs rénaux mais aussi de problèmes tendino-musculaires. Nous devrions assurer chaque jour 1 litre à 1,5 litre d'urine, nous en sommes loin. Bien sûr, éternel débat, boire aux repas ou en dehors? L'idéal est de boire en dehors afin de ne pas diluer les sucs digestifs, mais qu'importe, buvons, buvons, buvons, où et quand nous le voulons, ce sera mieux que rien.

La soif est conditionnée par 2 mécanismes. L'appauvrissement en eau du corps dû aux déperditions, le manque de sécrétion salivaire entraînant une sécheresse de la bouche. Le plaisir de boire, besoin psychologique, n'est pas lié aux mêmes mécanismes. L'eau est, en fait, la seule boisson indispensable à notre organisme. Les autres boissons correspondent aux exigences sociales, mondaines ou de plaisir mais ne sont nullement nécessaires à la vie. Fort heureusement, nos apports d'eau sont liés, pour au moins la moitié, à ce que nous mangeons. Exception faite du sucre et de l'huile, tous les aliments contiennent de l'eau (de 35 à plus de 90 pour 100). Fort heureusement encore, nos autres boissons contiennent aussi de l'eau...

L'EAU

L'eau ne subit aucune modification et n'apporte aucune calorie. Quelle qu'en soit la forme de consommation (en bouteille ou au robinet), elle doit répondre à des normes sanitaires strictes :
— elle ne doit pas contenir de germes pathogènes,
— elle doit avoir certaines caractéristiques chimiques (minéralisation totale inférieure à 2 grammes par litre) et physiques.

Les eaux du robinet sont très surveillées. Les traitements au chlore sont autorisés, leur seul inconvénient en est un goût désagréable mais sans aucun danger (au contraire...). En les mettant une douzaine d'heures au réfrigérateur avant consommation, elles perdent leur goût désagréable. Si elles ne posent pas de problèmes dans les grandes villes, il n'en est pas de même dans les petites communes, ce qui fait déconseiller ces eaux pour les biberons des nourrissons.

Les eaux en bouteille ont beaucoup de succès. Les Français en sont les plus gros consommateurs mondiaux (50 litres par an et par personne). Là encore, l'influence de la publicité est telle que n'importe qui achète n'importe quoi, ce qui peut être dangereux.

Il existe 3 catégories d'eau :
— les eaux de table : c'est de l'eau du robinet en bouteille, seul le prix est différent...
— les eaux de source doivent obligatoirement provenir d'une source autorisée. Elles doivent être potables dès le griffon de la source et donc ne pas être traitées. L'embouteillage doit être immédiat ;
— les eaux minérales : ce sont des médicaments, elles correspondent à un traitement (médical) car leur taux de minéralisation est souvent supérieur à 2 grammes par litre. La consommation journalière de ces eaux peut être dangereuse pour un organisme sain, et il faut apprendre à lire les étiquettes.

	mg/l matières minérales	Calcium	Magnésium	Sodium
Volvic	100	9	5,5	8
Évian	300	78	24	5
Perrier	450			14

Peu minéralisées, ces eaux conviennent bien à la consommation quotidienne et pour les biberons. Elles sont utiles pour l'accroissement de la diurèse, la prévention des accidents cardio-vasculaires et les régimes pauvres en sel.

	mg/l matières minérales	Calcium	Magnésium	Sodium
Vittel Grande Source	1 000	202	36	5
Contrexéville	1 900	451	66	8
Vittel Hépar	2 700	592	110	22

Sulfatées calciques, ces eaux sont utiles pour le traitement des dysfonctionnements hépato-biliaires, des troubles rénaux et certains problèmes nutritionnels.

	mg/l matières minérales	Calcium	Magnésium	Sodium
Vichy Célestin	3 600	96	10	1 329
Badoit	1 600	272	102	180
Vichy Saint-Yorre	6 400	113	12	1 680

Bicarbonatées sodiques, ces eaux sont recommandées pour le traitement de la lithiase vésiculaire. Elles ne devraient cependant être utilisées que par intermittence. Les eaux de Vichy sont contre-indiquées dans les régimes pauvres en sel.

Ne pas stocker ces eaux à la lumière et ne pas les conserver trop longtemps. Toute bouteille entamée devrait être consommée dans les quarante-huit heures.

BOISSONS AUX FRUITS

Les boissons préparées à partir des fruits sont très diverses :
— les jus de fruits frais sont extraits des fruits que l'on vient de presser,
— les jus de fruits purs sont les mêmes mais mis en bouteille et pasteurisés afin d'éviter la fermentation,
— 100 pour 100 jus de fruits implique que le seul liquide provient du fruit mais que l'on ajoute un certain nombre d'additifs portés sur l'étiquette, comme par exemple 5 pour 100 de sucre...
— concentré de jus de fruits signifie que 50 pour 100 de l'eau initiale sont retirés,
— le nectar de fruits est une purée additionnée d'eau et de sucre. Il peut permettre de régulariser les insuffisances du transit intestinal.

La valeur nutritionnelle de ces boissons est celle du fruit de départ additionnée des ajouts de sucre. Les fibres ne sont plus présentes et il faut faire attention au bilan calorique car il y a généralement plus d'un fruit dans un verre de jus de fruits...

Les sirops : ils ont l'intérêt nutritif de l'eau sucrée et le désintérêt culturel d'habituer les enfants au goût du sucre. 1 verre représente 7 morceaux de sucre...

La limonade est une boisson gazeuse qui contient, devinez? du sucre, mais aussi de l'acide citrique, de l'acide benzoïque, de l'acide tartrique, et quelques colorants et additifs aussi divers que variés.

Les sodas (dans l'acception française du terme) sont encore un peu plus sucrés que la limonade (70 à 120 grammes par litre). Outre les caractéristiques ci-dessus, ils comportent des essences de fruits.

Colas et bitters sont des boissons très sucrées contenant

de 15 à 30 grammes de sucre par verre, aromatisées avec des extraits végétaux; ils contiennent de la quinine (bitters) ou de la caféine (colas) qui leur donnent des propriétés excitantes et devraient en faire limiter la consommation. Précisons cependant que le Coca-Cola, inventé par un pharmacien, le Dr Pemberton, est l'un des meilleurs traitements de la diarrhée aiguë du nourrisson et peut être un excellent traitement de certaines crises de migraine s'il est consommé dès le début et que sa capacité à décaper certains vieux métaux est infiniment moins bonne que celle de l'acide chlorhydrique contenu dans nos estomacs...

LES BOISSONS ALCOOLISÉES

Se divisent en trois catégories :
— les boissons fermentées : vin, bière, cidre;
— les apéritifs à base de vin;
— les alcools ou spiritueux : eaux-de-vie et liqueurs.

1 gramme d'alcool apporte 7 calories, calories qui ne servent à rien dans le fonctionnement de l'organisme et qui sont dangereuses lorsqu'elles sont consommées avec excès. L'alcool a une densité de 0,8, un vin à 10° contient donc 80 grammes d'alcool pur par litre, 1 gramme d'alcool = 7 calories, donc 1 litre de vin = 560 calories d'alcool.

Le vin. En France, la culture de la vigne a été introduite par les Phéniciens et les Grecs au VIe siècle avant J.-C. Les rendements de l'époque étaient faibles, mais depuis, nous avons fait beaucoup de progrès. Nous sommes médaille d'or mondiale pour la consommation de vin et « seulement » médaille d'argent pour la consommation d'alcool pur... Rassurons-nous, nos 4 500 000 « buveurs excessifs » nous maintiennent et pour longtemps encore dans le peloton de tête et l'alcoolisme n'est après tout que la troisième cause de décès (150 morts par jour) derrière les maladies cardio-vasculaires et les cancers. Encore qu'en 1982 les quatre cinquièmes des tumeurs malignes de la cavité buccale, du pharynx et de l'œsophage étaient dues à l'alcool... Responsable d'un crime sur deux, d'un accident de la route sur trois et d'un suicide sur quatre, l'alcool ne tue pas forcément lentement mais tue forcément désagréablement. La cirrhose du foie n'est pas une maladie très agréable, pas plus que ne le sont les psychoses, quant à l'alcoolique qui se tue en tombant, son décès doit-il être comptabilisé à la rubrique alcoolisme ou accident?

Le vin résulte de la fermentation du raisin ou du jus de raisin par l'intermédiaire de levures qui vont transformer le sucre en alcool. C'est donc la quantité de sucre du raisin qui va conditionner le degré d'alcool. Divers traitements sont autorisés :

— la chaptalisation qui est une addition de sucre au moût ;
— le tartrage, pour acidifier avec de l'acide tartrique les moûts insuffisamment acides ;
— le tannisage où l'on rajoute un peu de tannins ;
— le vinage permettant l'addition d'alcool (maximum 2°).

Le vin, outre ses 80 pour 100 d'eau, contient du potassium, du magnésium, du calcium, du sodium et de la vitamine B. Le vin n'a pas que des défauts : absorbé en quantité modérée, 1/2 litre par jour chez l'homme, un peu moins chez la femme, il facilite la digestion des viandes et fromages. Il serait également antiathéromateux en augmentant le taux des HDL cholestérol (voir chapitre corps gras).

La bière. Boisson fermentée à base d'orge germée (malt), de fleurs de houblon (pour l'aromatisation), de levure (pour la fermentation) et d'eau (dont la bonne qualité est indispensable), c'est la boisson alcoolisée la plus ancienne.

Outre l'alcool variant entre 2° et 6° (parfois beaucoup plus), la bière contient 40 grammes de glucides par litre.

Les bières pauvres en calories contiennent peu de glucides mais autant d'alcool.

Les bières sans alcool contiennent 1 pour 100 d'alcool et des glucides...

Comme pour les autres boissons gazeuses, la bière peut provoquer des ballonnements et des éructations. Elle est légèrement diurétique et sédative. La consommation française actuelle est de 45 litres par an et par habitant, ce qui est beaucoup trop. Ses inconvénients sont les mêmes que ceux du vin.

Le cidre. Boisson fermentée fabriquée à partir de pommes à cidre. La teneur en alcool est d'au moins 5 pour 100, le taux de sucre est variable entre 2 grammes par litre pour les cidres très secs et 80 grammes pour les cidres doux bouchés. Riche en sorbitol, le cidre peut être laxatif, il est déconseillé aux ulcéreux en raison de son acidité.

Les apéritifs. Entre 15° et 30° d'alcool, plus un peu de sucre... sans oublier les amuse-gueules qui vont avec.

Les spiritueux. C'est là encore du sucre et de l'alcool.

LE CAFÉ

L'arabica est le plus ancien et le plus cultivé. Son arôme est excellent et il contient peu de caféine.

Le robusta date du XIXᵉ siècle. Plus amer il est aussi deux foix plus riche en caféine.

Dans le café décaféiné, la caféine est dissoute avec du trichloréthylène.

Le café soluble est déshydraté ou lyophilisé.

Le café contient de la vitamine PP, du potassium, de la théobromine (qui a des vertus diurétiques) et de la caféine.

La caféine est stimulante pour le système nerveux et pour le cœur. Stimulant le travail intellectuel, le transit intestinal, la diurèse et la circulation à dose modérée, elle peut être dangereuse à des doses plus importantes.

LE THÉ

Il possède les mêmes vertus que le café. Contrairement à une idée reçue, le thé doit infuser longtemps (plus de 5 minutes), les tannins précipitent alors la caféine qui se trouve moins absorbée et est donc infiniment moins excitante.

LES INFUSIONS

Elles possèdent les qualités laxatives, diurétiques et sédatives de l'eau chaude éventuellement augmentées de l'effet de la plante ajoutée.

VALEUR CALORIQUE DES PRINCIPALES BOISSONS
(calculée selon la portion usuelle)

calories

— Eau	0
— Café ou thé nature	0
— + sucre : par morceau	20
— Un verre de lait écrémé	30
— Un jus de tomate	35
— Un sirop (dosage pour un verre)	40
— Un verre de cidre	40
— Un verre de jus d'orange	60
— Un verre de lait entier	70
— Un verre de vin à 10°	70
— Un verre de champagne	80
— Un verre de vin à 12°	80
— Une petite bouteille de bière	90
— Une petite bouteille (ou un grand verre) de soda, de Coca-Cola, limonade	100
— Un verre de jus de raisin	100
— 0,25 litre de cidre	100
— Un whisky simple de 4 cl	100
— Un verre à dégustation de cognac	100
— Un verre à dégustation de liqueur	120
— Un verre de porto (ou autre vin cuit)	140
— 0,25 litre de vin à 10°	170
— 0,25 litre de vin à 12° (blanc, rouge ou rosé)	200

7

Les fibres

Si 99 pour 100 des modes en diététique sont débiles, il en est quand même qui passent dans le public et permettent à celui-ci de mieux se nourrir. C'est le cas de la mode fibre qui, une fois n'est pas coutume, s'appuie sur des observations réellement médicales.

Les fibres ne sont pas un nutriment, on ne les trouve pas dans la circulation, elles ne sont pas absorbées par les tissus, elles ne servent à rien sur le plan énergétique, elles ne sont même pas digérées. En fait, elles ne font que passer, et si nous commençons à être conscients de leur rôle, nous sommes encore incapables d'en préciser les « normes de consommation ». Incontestablement, depuis quelques décennies, existe une augmentation des cancers du côlon, des diverticules intestinaux, des obésités, des maladies veineuses, des hémorroïdes, des calculs en tous genres, des diabètes et des hernies hiatales. Incontestablement aussi nos sociétés modernes ont profondément modifié leurs comportements alimentaires.

Au nombre des modifications de notre alimentation, les farines et sucres raffinés, la baisse de notre consommation quotidienne de fibres. Leur seul rôle? L'élimination de substances toxiques de notre organisme. « Une pomme chaque matin chasse le médecin », dit un vieux dicton britannique. L'invention des procédés de raffinage, vers la fin du XIXe siècle, sonna le glas des fibres. Farines raffinées de toutes sortes, additionnées de matières grasses et de sucre d'une part, diminution des fibres alimentaires d'autre part nous empâtèrent tout en nous constipant. J'imagine que vous vous doutez que les pauvres Africains qui ne connaissent pas (encore) les maladies de civilisation n'ont pas ces épouvantables problèmes décrits plus haut. Je parle bien sûr, des Africains restés au village, pas de ceux qui ont émigré et qui, à égalité biologique, souffrent des mêmes maux. Fort heureusement de bons commerciaux nous vendent maintenant « des fibres en sachet » permettant de pallier certains inconvénients, et fort heureusement encore on peut manger à peu près n'importe quoi n'importe quand maintenant avec le développement des transports et des surgelés.

Tous les fruits, végétaux et céréales contiennent des fibres... à la condition de ne pas être dépulpés ou raffinés. Les fibres alimentaires sont des substances glucidiques qui ne sont pas attaquées par les sucs digestifs, ainsi elles ne peuvent être digérées. Elles ont un intérêt fondamental dans les régimes amaigrissants puisqu'elles vont assurer un rôle de ballast, procurer un sentiment de satiété et ne compter pour rien dans le bilan calorique. Les fibres peuvent fixer de 2 à 6 fois leur volume d'eau, ce qui en fait un élément de choix dans le traitement de la constipation. L'accélération du transit qu'elles entraînent permet une moindre absorption des sucres et des graisses, ce qui explique leur utilité dans les diabètes et l'hypercholestérolémie. La moindre stagnation des matières dans le tube digestif évite la surpression, facteur de problèmes veineux et surtout de cancers et diverticules coliques, l'élimination plus active évite la stagnation des acides biliaires tout en modifiant la composition de la bile, réduisant ainsi les risques de calcul.

Les inconvénients des fibres résident dans l'élimination des minéraux (calcium, magnésium, phosphore) et la moindre absorption des protéines. Un autre inconvénient est dû au son qui est une fibre vieillie et qui peut entraîner des colites chez les gens sensibles.

TENEUR EN FIBRES DE QUELQUES ALIMENTS

(fibres en g/100 g)

Artichaut	4,2
Asperge	1,5
Aubergine	2,5
Avocat	2
Betterave	2,8
Brocoli	4,3
Carotte	2,8
Céleri	1,8
Champignon	2,5
Chou blanc	2,5
Chou-fleur	1,8
Chou vert	4,3
Courgette	0,9
Épinard	6,2
Haricots verts	3,9
Haricots en grains	8
Maïs	3,7
Persil	4,3
Petits pois	6
Poireau	4
Poivrons	2
Pommes de terre	3,5
Tomates	1,4
Haricots secs	25,4
Lentilles	11,8
Pois chiches	22,8
Abricots secs	24
Amandes	14,3
Ananas	1,2
Banane	3,4
Cassis	4,7
Cerises	1,7
Dattes	8,7
Fraises	2,1
Framboises	6,2
Mandarine	1,9
Melon	1
Mûres	7,3
Noisettes	9

TENEUR EN FIBRES DE QUELQUES ALIMENTS

(fibres en g/100 g)

Orange	2
Pamplemousse	0.
Poire	2.
Pomme	2
Raisin	6.
Pain blanc	2.
Pain complet	8.
Pain noir	10.
Corn-flakes	3
Pâtes	5,
Pois cassés	23
Riz blanc	4
Riz brun	8

8

Les vitamines

Il y a déjà fort longtemps, dans un village d'irréducti-
les Gaulois, sous le règne de César, un druide sage et malin
vait inventé une sacrée recette de potion magique. Il avait
e la sorte isolé la force vitale. Aujourd'hui, il nous reste
es vitamines que l'on trouve chez le pharmacien. La « vita-
ninomanie » gagne la France, à coup de publicité, d'exem-
le américain et sans ordonnance. Les vitamines sont là,
e toutes les couleurs, pour endormir, réveiller, calmer,
nerver, se sentir plus jeune, avoir une peau plus belle, se
onner bonne conscience en rééquilibrant d'un côté tous
es déséquilibres engendrés par nos excès alimentaires. On
chète la forme, la longévité, la mémoire, le dynamisme,
a bonne humeur, bref le succès et l'on continue à s'empif-
rer à tort et à travers. Nous verrons dans ce chapitre
onsacré aux vitamines leur utilité réelle; en attendant,
'automédication vitaminique entraîne souvent des méga-
loses, sortes d'overdoses qui ne sont pas toutes sans dan-
er. Les vitamines sont sur l'arbre, pas chez le pharmacien.
Une alimentation équilibrée suffit, dans nos pays occiden-
aux, à nous apporter toutes les vitamines dont nous avons
esoin.

L'origine du mot vitamine est récente, elle remonte à 1910
orsque Funck découvrit une substance capable de guérir le
éri-béri (avitaminose B). Ces substances, indispensables à
'organisme en quantité infinitésimale, se sont tout d'abord
appelées « amines vitales » avant de devenir vitamines.

Les vitamines sont des principes vitaux contenus à tr(
petites doses dans les substances végétales et animales. Ell(
agissent comme des éléments indispensables à la croissanc(
au développement, à l'assimilation, à la reproduction (
à l'entretien des fonctions vitales. L'organisme est inc(
pable de les synthétiser et il ne peut les trouver que dar
son alimentation où elles sont soit directement utilisable(
soit sous forme de précurseur. Leur manque provoque d(
troubles graves qui sont les avitaminoses. La plus célèbr(
est l'avitaminose C ou scorbut qui frappait les marins (
long cours de la marine à voile. Ceux-ci ne consommaien(
pendant des mois et des mois, que des conserves, farineu(
et salaisons à l'exclusion de tous fruits, légumes et viar
des frais. Seule la reprise d'une alimentation normale ave(
des produits frais pouvait les guérir. Si seulement i(
s'étaient un peu penchés pour manger des algues et du pois
son frais... Les avitaminoses se caractérisent par des trou
bles pathologiques liés à l'absence d'une vitamine bie(
déterminée. Elles se guérissent tout simplement par l'appo(
de cette vitamine manquante.

Il existe 2 grands groupes de vitamines en fonction d
leur solubilité qui se fait soit dans l'eau, soit dans le(
graisses :
— Les vitamines hydrosolubles sont : les vitamines d(
groupe B (B1, B2, B3 appelée aussi PP, B4, B6, B9, B12
et la vitamine C.
— Les vitamines liposolubles sont : A, D, E et K.

Si toutes les vitamines sont indispensables, la nature es(
quand même bien faite, permettant de conserver des stock(
importants de vitamines liposolubles (exemple des région(
du globe pauvres en soleil et de la vitamine D nécessitan(
du soleil).

LA VITAMINE A

Il y a 2 500 ans déjà, Hippocrate conseillait certains légu(
mes et des foies d'animaux pour ceux qui voyaient mal
Les pêcheurs, du temps de Moïse, savaient qu'avec un foi(

e poisson ils restauraient leur acuité visuelle en une jour-
ée, les Chinois mangeaient et mangent toujours des sou-
es de poissons pour leur vue.

La vitamine A est la vitamine de la croissance et de la vue.
lle favorise aussi la cicatrisation des plaies. Elle aurait éga-
ment un rôle dans la lutte contre certaines infections (res-
ratoires), l'hypertension, la perte de l'appétit, les troubles
itanés. Des études ont mis en évidence que les carences
i vitamine A sont associées à un risque accru de cancers
pidermoïdes (voies respiratoires supérieures) et muqueux
stomac, côlon, prostate, vessie). Sur des cultures cellu-
ires, la vitamine A favorise la bonne différenciation des
ellules, et le manque de vitamine A, à l'inverse, entraîne
es lésions précancéreuses. Chez l'homme, il semblerait que
administration de vitamine A ait pu faire régresser des
sions bronchiques précancéreuses.

La vitamine A se présente sous deux formes :
- végétale : le carotène ou provitamine A que l'on trouve
i abondance dans tous les fruits et légumes colorés
arotte, persil, chou-fleur, épinard, laitue, piments, petits
ois, tomate, courge, endives, melon, abricot, brugnons,
erises, orange, mandarine, pamplemousse, etc.);
- animale : le rétinol que l'on trouve dans les huiles de
oie de poissons, le jaune d'œuf, les foies d'agneau et de
eau, le beurre d'été, les fromages.

L'avitaminose A se traduit par une perte de la vision noc-
urne, une sécheresse de la peau, des troubles digestifs.

L'hypervitaminose A se traduit chez le bébé et le jeune
nfant par une perte de l'appétit, des nausées et des vomis-
ements, voire un bombement de la fontanelle traduisant
hyperpression du liquide céphalo-rachidien et imposant
. ponction lombaire. La sécheresse de la peau, la fatigue
la chute des poils sont fréquents. Chez l'homme, la fati-
ue, la perte de l'appétit, des vertiges, des nausées, des
omissements, des maux de tête, une sécheresse de la peau,
es douleurs osseuses sont les signes de la surcharge en vita-
ine A, heureusement rare.

LE GROUPE DES VITAMINES B

La vitamine B est antibéribérique. C'est la seule vitamine à contenir de l'azote.

La vitamine B1 ou thiamine, essentielle pour son rôle dans le métabolisme des sucres, est donc indispensable a bon fonctionnement du système nerveux et des muscle Elle a une action antalgique et stimulante.

Les conserves et la pasteurisation la détruisent en pa tie. Elle n'est au contraire pas affectée par la congélation

On en trouve dans la levure de bière et les céréales ge mées ainsi que dans le jaune d'œuf, les lentilles, les épi nards, les choux, les carottes, le lait cru, les figues, le abricots, le soja et les viandes et poissons.

Les besoins sont de 1 à 2 milligrammes par jour, plu si l'on mange beaucoup de glucides, moins si l'on mang beaucoup de lipides et de protides. La cause la plus fré quente de carence est l'alcoolisme avec tachycardie, œdè mes, urines rares, gros foie et insuffisance respiratoir accompagnés de douleurs nerveuses (fourmillements, brû lûres et anesthésie des membres ou de segments d membre).

L'hypervitaminose est rare, anxiété, nausée, peuvent su vre une injection; le choc thiaminique est mortel.

La vitamine B2 ou béflavine ou riboflavine est la vita mine de l'énergie et des crampes musculaires.

Elle est indispensable à la vie des cellules du système ner veux, de l'appareil respiratoire et de la rétine. On la trouv dans le petit lait mais aussi dans la levure de bière, les vian des, les germes de céréales, le jaune d'œuf, les fromages fruits oléagineux, féculents, épinards, artichauts, concom bres, carottes, etc. Nécessaire à la croissance et à la régé nération des tissus, on la prescrit dans les insuffisances d croissance des nourrissons, certaines maladies de peau e de muqueuse (rougeur, desquamation, chute des cheveux et surtout les fatigues et crampes musculaires.

Les hypervitaminoses n'existent pas.

La vitamine B3 ou PP contient de l'acide nicotinique.
'est également une vitamine de l'énergie, ainsi qu'une vita-
ine préventive de la pelagre (PP = Pelagre Preventing).
En intervenant dans le transport de l'oxygène, elle aide
la respiration cellulaire.

On la trouve dans la levure de bière, les céréales non
écortiquées, les fruits secs, la boulangerie, les abats, les
ommes de terre, les tomates, etc.

C'est la plus résistante des vitamines.

Son manque entraîne une sensibilisation à la lumière
prévention des coups de soleil), des troubles digestifs (diar-
nées), un état dépressif.

Elle est indiquée dans les troubles circulatoires, qu'ils
pient cérébraux ou périphériques.

Il n'existe pas d'hypervitaminose.

La vitamine B4 ou adénine. C'est la vitamine des glo-
ules blancs. Son manque entraîne une chute des leucocy-
es génératrice d'infections.

On la trouve dans les laitances de poisson, la levure, les
s de veau.

La vitamine B5 ou acide pantothénique est la vitamine
e la peau et des cheveux. Elle favorise la cicatrisation en
égénérant epithéliums et phanères. Elle ralentit la chute
es cheveux.

On la trouve dans les huîtres, le chou, les épinards, le
oja, la tomate, la viande de bœuf, les volailles, les abats,
e miel, les céréales, etc.

Son absence entraîne chute des cheveux, troubles des
ngles, plaies cicatrisant mal.

Associée à la vitamine B8 (biotine), elle ralentit, voire
rrête la chute des cheveux. L'aspirine a une activité anti-
itamine B5.

La vitamine B6 ou pyridoxine est la vitamine des carni-
ores. Plus on mange de viande, plus les besoins en vita-
ine B6 sont importants car son rôle est fondamental dans

le métabolisme des protides et des acides aminés. Elle appa
raît également de plus en plus comme la vitamine d
l'humeur.

On la trouve dans les céréales, choux, épinards, fruit
frais, les abats et la viande rouge, les poissons, laitages
etc. Le lait maternel est la seule source de vitamine B6 pou
le bébé et dans le cas d'une alimentation par lait artificie
une supplémentation vitaminique est indispensable.

Sa carence entraîne insomnie, fatigue, irritabilité et ner
vosité, signes qui semblent majorés chez les jeunes fem
mes utilisant la pilule et qui rentrent très rapidement dan
l'ordre après supplémentation. Un comprimé de 250 m
par jour est suffisant d'autant que des études en cours « n
semblent pas conclure à la non-toxicité des vitamine
hydrosolubles ».

On l'emploie pour les affections dégénératives, allergi
ques et inflammatoires.

La vitamine B8 ou biotine est associée à la B5 dans l
traitement de la chute des cheveux. Son absence est rare
son excès encore plus.

La vitamine B9 est l'acide folique ou vitamine antiané
mique. C'est le facteur indispensable à l'équilibre des glo
bules rouges et donc à la respiration des tissus.

On la trouve dans les abats, le germe de blé, les légume
à feuilles vertes, etc.

Les carences sont rares.

La vitamine B10 contient de l'acide para-amino
benzoïque. Antisclérodermique elle est utilisée dans les col
lagénoses et dans les troubles cutanés.

La vitamine B12 ou cobalamine. Antianémique, elle es
aussi très connue pour son activité antalgique.

On la trouve dans le foie, la levure de bière, la viand
rouge, le jaune d'œuf, le poisson et les fruits de mer. Tota
lement absente des végétaux, une supplémentation es
nécessaire en cas de régime végétarien.

Sa carence est extrêmement rare car les besoins sont minimes et le foie en possède 3 années de stock d'avance. On peut parfois voir chez l'homme l'anémie de Biermer avec ses signes : pâleur, fatigue, tachycardie, perte de l'appétit, diarrhée.

Ses indications sont essentiellement les anémies, les algies rhumatismales et les névralgies.

Les hypervitaminoses n'existent pas.

La vitamine B13 lutte contre l'hyperuricémie et protège la flore intestinale.

La vitamine B15 est la vitamine antifatigue des sportifs. On la trouve dans le sang de bœuf, le foie de cheval, mais aussi la levure de bière. Elle intervient dans la durée de l'effort en réduisant la consommation de glycogène et donc l'accumulation d'acide lactique. Non dopante, elle est commercialisée en Belgique et en Suisse sous le nom de bio-pangamine. Pas (encore) d'hypervitaminose connue.

LA VITAMINE C

Le bien connu acide ascorbique est le facteur de défense de l'organisme. Vitamine la plus connue, c'est aussi la plus fragile, attaquée par l'air, elle l'est tout autant par l'eau de cuisson, sans parler de l'épreuve du temps qui lui confère une solidité de rose. Le besoin est important, 1 mg par kilo et par jour normalement apporté par l'alimentation (lorsqu'elle est équilibrée). Antiscorbutique, la vitamine C augmente la résistance aux infections et à la fatigue, elle possède un rôle dans les phénomènes d'ossification, le métabolisme des acides aminés et des glucides, le fonctionnement des glandes endocrines.

On trouve de la vitamine C dans tout ce qui est frais : fruits et légumes, viandes, poissons et laitages.

Quoi qu'en ait dit le Pr Pauling (prix Nobel de chimie mais pas de médecine), il n'existe pas de relation entre cancer et vitamine C à hautes doses (ni dans un sens, ni dans l'autre). Il n'existe pas d'hypervitaminose connue.

LA VITAMINE D

Vitamine de l'os, sa carence est responsable du rachitisme chez l'enfant et de l'ostéomalacie chez l'adulte. Son rôle essentiel est la fixation du calcium.

On la trouve sous deux formes, une forme indirecte qui est celle obtenue par irradiation solaire, et une forme directe, l'huile de foie de poisson.

L'hypercalcémie, l'hypercalciurie et les calculs calciques sont bien entendu des contre-indications à la prise de vitamine D. Nous n'entrerons pas dans l'immense débat tétanie-spasmophilie, mais le rôle de la vitamine D n'est aucunement prouvé. L'hypervitaminose D existe, elle est même dangereuse et il vaut mieux s'abstenir d'acheter « cette bonne santé vitaminique » en pharmacie sans les conseils de son médecin.

LA VITAMINE E

Antioxydante, elle aurait un rôle fondamental dans le ralentissement du processus de vieillissement. C'est aussi la vitamine de la fécondité. Elle existe dans de nombreux produits végétaux ou animaux : les légumes verts, les germes de céréales, les huiles d'arachide, d'olive, de noix ou de soja et, à un moindre degré, les foies, jaune d'œuf, produits laitiers.

Les carences se manifestent essentiellement par des dystrophies musculaires.

L'action antivieillissement de la vitamine E a besoin pour s'exercer de l'association avec le selenium et la vitamine C. Bien sûr comme tout ce qui touche à ce type de « pathologie », les espoirs sont grands et les résultats encore incomplets. Malheureusement pour nos espoirs, il ne semble pas que les Français soient carencés... quoi qu'il en soit, et pour information, la vitamine E existe en pharmacie...

LA VITAMINE K

Antihémorragique, se trouve dans les feuilles vertes. La plupart des médicaments anticoagulants sont des antivitamines K. Il n'existe pas de carence. L'hypervitaminose peut entraîner des coagulations sanguines intravasculaires.

Aux USA on peut acheter toutes les vitamines en pharmacie. Pas en France. Mais ne nous inquiétons pas trop, cela va venir. Est-ce bien utile? Non! La santé ne s'achète pas en pharmacie, des repas normalement équilibrés assurent un bilan vitaminique normal et il est totalement inutile d'en rajouter. Si psychologiquement cela peut aider, alors pourquoi pas? Un bon placebo n'est-il pas un bon médicament?

9
Conservateurs et additifs

Même si nous ne le désirons pas forcément, ils font aussi partie de ce que nous mangeons, et si exceptionnellement ils nous donnent mauvaise santé (allergies à la tartrazine), le plus souvent ils évitent un certain nombre de désagréments (conservateurs) tout en entretenant nos pulsions acheteuses (exhausteurs de goût et colorants). Là, comme en bien d'autres domaines, les USA sont loin en tête avec quelque 2 000 additifs autorisés. Dans la CEE, depuis 1981, « seulement » 151 additifs sont autorisés selon la loi : « tout ce qui n'est pas expressément autorisé est interdit ».

Utilisés pour améliorer l'apparence, la saveur, la consistance ou la conservation des aliments, les additifs sont des substances alimentaires qui ne sont pas consommées en tant qu'aliments. Naturels ou artificiels, ils doivent toujours être indiqués en clair sur les produits préemballés.

Les colorants : 29 sont autorisés, numérotés entre E 100 et E 180 (E comme Europe).

Les conservateurs : 35 sont autorisés, numérotés entre E 200 et E 290.

Les agents antioxygène : ils sont autorisés, numérotés entre E 300 et E 321.

Les agents de texture et de saveur : ce sont les émulsifiants, stabilisants, épaississants et gélifiants. 26 sont autorisés, numérotés entre E 400 et E 483.

Une cinquantaine d'autres produits sont autorisés, ils ont des actions intriquées, pouvant par exemple renforcer l'action d'autres substances.

10
La symbolique alimentaire

La vie serait largement simplifiée si nous étions de parfaites mécaniques bien huilées, bien réglées sans nos impulsions psychiques, affectives, symboliques et surtout mythiques, héritées du fond des âges et venant mystérieusement compliquer notre comportement devant la nourriture. La vie serait simplifiée certes, mais combien plus triste.

La raison diététique se heurte à des comportements tronqués dès l'enfance; vaste impact de la publicité mais surtout symbolique alimentaire. Notre parcours gustatif est miné, truffé des pièges de la publicité mais aussi par les symboles venus de nos ancêtres, symboles véhiculés dans nos gènes, venant peut-être d'une tradition orale, ils sont tous là. Qu'il s'agisse de symbole sexuel, de vie, de labeur, d'austérité, de force, de virilité ou bien encore de régression, de récompense, de création. Nous savons tout, obscurément.

Le lait. La symbolique alimentaire la plus évidente est celle du lait et des laitages. Nous boudons beaucoup trop le lait dans notre alimentation, parce que pour nous, adultes, il est synonyme d'enfance, de pureté. C'est pour nous une nourriture infantile, douceâtre, à l'opposé même de la prise en charge. Très vite, les adolescents le rejettent. Le lait est précieux pour notre organisme, indispensable tout au long de notre existence, riche en protéines et surtout en calcium, l'homme a déguisé le lait en lui faisant endosser l'uniforme du fromage dont l'odeur parle davantage à l'odorat adulte. Attention cependant, les fromages n'ont pas les mêmes qualités diététiques que le lait et ses dérivés directs que sont les yaourts.

Le pain est symbole de vie et de partage avant tout. Il est porteur de toute l'idéologie religieuse... « Donnez-nous chaque jour notre pain quotidien »... Jeter du pain est sacrilège, vestige probable des famines et des guerres. Récompense de notre labeur, il était autrefois la base de notre alimentation. Aujourd'hui, le pain, excellent glucide lent, est détrôné par tous les aliments sucrés (glucides rapides). A mesure que le niveau de vie s'est amélioré, l'alimentation s'est diversifiée et a réduit son importance dans notre balance alimentaire quotidienne. En perte de vitesse, le pain a vu sa consommation passer de 800 grammes par jour et par personne au début du siècle à moins de 200 grammes par jour actuellement. La consommation idéale serait de 200 à 250 grammes par jour. Aliment glucido-protéique, sa consommation ne doit être mesurée que dans certains cas pathologiques (obésité, diabète...) mais aucunement chez l'individu normal. Si autrefois consommer du pain blanc était un signe d'aisance, aujourd'hui, manger du pain complet n'est plus le privilège de quelques doux maniaques. Le pain complet redevient à la mode, riche en son et en fibres, il facilite le transit intestinal en luttant contre la constipation.

L'œuf symbolise la création, le renouveau, la résurrection (Pâques). Il jouit de l'image valorisante d'une nourriture animale très riche en protéines et que l'on peut consommer sans avoir à faire couler le sang. Seul point négatif, son jaune est riche en cholestérol (mais souvent moins que le beurre qui en accompagne la cuisson). La consommation quotidienne d'œufs en France est de un demi par personne, loin derrière les pays anglo-saxons. Les crises de foie dues aux œufs se rencontrent d'ailleurs quasi exclusivement dans les pays latins...

La viande est symbole de virilité, de force et de vigueur. La viande, c'est l'homme. Longtemps les chasseurs ont pensé s'imprégner de la force des animaux qu'ils tuaient puis mangeaient... Aliment guerrier (l'excès de viande rend agressif), cuisine des feux de camp, l'héritage existe aujourd'hui sous forme de barbecue dont la tâche revient de droit aux hommes. Tâche culinaire dont ils s'acquittent avec cette joie mêlée de la gravité de celui qui sait.

La soupe est le retour aux valeurs sûres, à la famille, au recueillement, c'est le devoir, l'austérité. Nos ancêtres, bien avant la naissance des plats, avaient eu l'ingénieuse idée de creuser un trou dans la terre, d'y mettre une pierre très chaude, un peu d'eau et quelques racines variées, aïeules de nos légumes. Ils ajoutaient à cela quelques protéines animales glanées auprès des mâles chasseurs, et le tout cuisait doucement. « Mange ta soupe, tu deviendras grand... » la soupe a une mystérieuse valeur éducative. Mets un peu ennuyeux pour l'enfant mais combien rassurant, valeur refuge en cas de crise d'identité, sœur alimentaire de la bouillotte, c'est le symbole de la solidité et de la présence de la mère au foyer. Plat austère mais générateur de bonne conscience, on revoit l'air satisfait de la mère une fois notre assiette de soupe avalée. En revanche, l'irruption du potage en sachet déroute et vient déranger tout cela. Où s'est enfuie la tradition rassurante de la mère fourmi du logis, ayant largement épluché, coupé, pelé ? Il est vrai que maintenant elle travaille. Et l'on en revient au débat : aliment industriel pollueur de santé contre la valeur sûre des légumes frais, porteurs de vitamines et de sels minéraux. Fuite des vitamines ou de la symbolique éducative ? Fuite des minéraux ou de la tradition rassurante de la femme aux fourneaux ? Mystère, évitons de conclure.

La conserve est le symbole des temps modernes. Symbole industriel de la perversion de la nature par l'homme, on la consomme du bout des lèvres, lorsque l'on ne peut pas faire autrement. Mais toujours rôde le spectre de la marine à voile et du scorbut (que l'on ne rencontre plus) ou du botulisme. Les croyances populaires ont la vie dure, pourtant tous les nutritionnistes sont d'accord pour dire que la préservation des vitamines est excellente (sauf pour la vitamine C) et que les conserves industrielles offrent une grande sécurité. Seule restriction, les aliments en conserve sont souvent salés. On reproche aujourd'hui aux conserves d'être génératrices de cancer de l'estomac à cause des nitrites qu'elles contiennent ; le nombre des cancers de l'estomac aurait régressé parallèlement à la baisse de consommation des conserves, il faut dire que nous avons maintenant les surgelés... La conserve est pour nous impure, suspecte, industrielle, à tort, les seules qui sont dangereuses sont les conserves maison faites un peu n'importe comment et particulièrement au niveau de la stérilisation.

De 30 000 tonnes en 1963, la production de *surgelés* est passée à plus de 800 000 tonnes en 1984. Les surgelés entrent dans les mœurs mais de nombreux Français continuent à les bouder alors qu'ils offrent (si la chaîne du froid est parfaitement respectée) toutes les garanties de qualité possibles. Il est loin le temps des mauvais congelés abîmés par une mauvaise prise au froid. En 1964, un arrêté les a baptisés « surgelés » lorsqu'on a su les saisir rapidement à cœur à moins 40°, ce qui préserve leurs qualités. Les légumes offrent une meilleure préservation des vitamines car la loi oblige la surgélation dans les huit heures suivant la cueillette. Les vitamines restent donc intactes (surtout la vitamine C, si fragile), ce qui n'est pas toujours le cas des légumes (dits) frais que l'on trouve sur les étalages des marchés et qui souvent ont été récoltés trois jours auparavant. Si la seule règle à respecter est de ne jamais recongeler un produit dégelé, il est toujours préférable de choisir les produits surgelés dans les magasins spécialisés où la chaîne du froid est parfaitement maintenue. L'avantage majeur des produits surgelés dans notre vie moderne est qu'ils nous permettent de consommer des légumes frais à tout moment. Le goût est préservé, le gain de temps est considérable, l'alimentation est variée et sans effort et dans le cas d'un régime amaigrissant, ils permettent une bonne observance sans lassitude des prescriptions diététiques.

Le sel, autrefois sacré et paré de nombreuses vertus, est aujourd'hui fortement banalisé. Si l'on renverse une salière, on se sent vaguement coupable d'une telle bévue mais on ne sait plus quel malheur s'apprête à s'abattre sur nos épaules. La gabelle est oubliée, le sel du baptême est tombé en désuétude. Autrefois, instrument d'exorcisme, il était symbole de purification. Très ambigu finalement car pêle-mêle il rehaussait la saveur, conservait les aliments, mais pouvait également stériliser les sols. Sur le plan sexuel, il passa longtemps pour un aphrodisiaque masculin « en application directe devant et derrière »... De nos jours, il laisse symboliquement indifférent. Les malades hypertendus acceptent plutôt bien de réduire leur consommation de sel. Nous en consommons beaucoup trop et il est facile de s'en déshabituer. Contrairement à une idée reçue, le sel ne fait pas grossir mais c'est un excitant de l'appétit (biscuits apéritifs salés destinés à favoriser l'appétit).

Le sucre est le symbole du plaisir oral, de la régression. Aliment infantile et féminin, mal vécu par le phallocrate qui s'y adonne avec culpabilité (car il se sent régresser sexuellèment, disent les psychiatres). Phénomène de compensation, le dessert sur lequel se ruent les « mal-aimés », les amoureux malheureux, retour donc au plaisir oral puisque le sexuel est mis de côté. Il est frappant que, d'instinct, la société gâte les malades et les vieillards de saveurs douces, peut-être parce qu'inconsciemment ils sont relégués au rang d'exclus. Le dessert, sourire, récompense mais également surplus de gourmandise, d'où restriction et censure, a vu se greffer sur lui la notion de péché car il suscite la tentation. Et derrière la tentation se cache le diable, c'est bien connu... Souvenez-vous d'Eve, d'Adam et de la pomme (fructose, sucre). Pour mieux nous faire craquer, le sucre se cache beaucoup, même dans les boissons les plus amères. Nous en consommons trop, de 2,7 kilos par personne en 1840 à 36 kilos aujourd'hui ;

20 morceaux de sucre par jour alors que 5 à 7 seraient suffisants, pour ne pas faire souffrir notre organisme en lui faisant fabriquer du gras.

Inoubliable *chocolat,* on ne pouvait le passer sous silence, il a toujours eu une valeur symbolique liée à la notion de fête, de récompense, de plaisir. Témoin des bons moments, des instants de détente, de réflexion ou de rêve, le chocolat est aussi, comme l'écrit Sylvie Girard *(Guide du chocolat et de ses à-côtés) :* « le compagnon discret des jours où les choses pourraient aller mieux ». 80 pour 100 des amoureux déçus se ruent en priorité sur le chocolat, non pas particulièrement pour son sucre, peut-être pour ses vitamines et sels minéraux, pour son magnésium (le chocolat en est une source très riche), mais en fait surtout pour deux acides aminés très appréciables pour les amoureux malheureux comme pour les déprimés. Le premier est la phényléthylamine, véritable amphétamine de l'amour, le second est le tryptophane que l'organisme transforme en sérotonine. Cette sérotonine a un rapport direct avec notre cerveau émotionnel et notre système nerveux central.

Chocolat, médicament des chagrins d'amour, pourquoi pas ? Ses effets secondaires sont moins nocifs que ceux des antidépresseurs... sinon ce don qu'il a de nous faire prendre du poids. Le chocolat vient des Aztèques du Mexique et des Mayas. La légende veut que le cacaoyer ait été envoyé sur terre par Dieu lui-même, pour être source de fortune, de force et servir de monnaie. Ainsi fut fait, la fève de cacao devint la monnaie d'échange au temps des Aztèques. Son cours fluctuait avec les saisons et les récoltes : à titre d'exemple, 4 fèves pour une citrouille, 10 pour un lapin ou les faveurs d'une prostituée et 100 pour un esclave ! Christophe Colomb, qui décidément n'avait rien compris, ignora le chocolat. En revanche, Cortez l'importa. Il rapporta les premières fèves à la cour d'Espagne, et petit à petit, on se délecta dans toutes les cours. On le déifia, Linné, physiologiste, le qualifia d'« aliment des dieux », d'autres lui prêtèrent des vertus curatives et médicamenteuses.

Au XVIIIe siècle, on décida qu'il pouvait « rompre la

toux, adoucir plus qu'un sirop, faciliter la digestion, redonner des forces » (Dr Brancardins, 1705). Le Dr Bligny le recommande contre le rhume, les fluxions de poitrine, les inflammations de gorge, l'insomnie, le choléra, les diarrhées, la dysenterie. Et... surtout, surtout, on décida qu'il était aphrodisiaque : « Ses propriétés stimulantes sont propres à exciter les ardeurs de Vénus. » Au XIXᵉ siècle, on vendait bien des chocolats médicinaux pour leurs vertus antihelmintiques, purgatives, antivénériennes, etc. Aujourd'hui, la théobromine contenue dans le cacao entre dans la composition de nombreux médicaments antalgiques, diurétiques ou même antiasthmatiques. Le beurre de cacao est utilisé dans l'industrie pharmaceutique, en tant qu'excipient de suppositoires ou d'ovules, et en cosmétologie. Après tout, le Coca-Cola, avant de devenir une drogue douce, fut bien inventé par un pharmacien pour soulager, entre autres maux, ceux de nos têtes !

IV

Les erreurs alimentaires

1
Nos principales erreurs alimentaires

— Nous consommons trop de calories sous forme de graisses et protéines animales, sucreries, alcool, sel ;
— pas assez de végétaux : céréales, pain, légumes verts, légumes secs ;
— et pas assez d'eau.

— La consommation de sucre est de 36 kilos par an et par personne en 1984.
— Notre consommation de sel est trois fois trop élevée par rapport à nos besoins.
— 70 pour 100 des graisses et protéines que nous consommons sont d'origine animale.
— Le Français de plus de 15 ans consomme 19 litres d'alcool par an (1981).
— Notre consommation de légumes secs n'est plus que de 4 grammes par jour.

Conséquences de nos erreurs
Les péchés par excès ou insuffisance sont en partie responsables des trois premières causes de décès en France :
— maladies du cœur et des vaisseaux (qui ont coûté en

1981, 50 milliards de francs) : 36,5 pour 100 des décès (dont
50 pour 100 après 45 ans),
— tumeurs et cancers : 23,6 pour 100,
— les maladies ou accidents liés à l'alcool.

2
Les idées fausses et quelques... vraies

Le lait est difficile à digérer.
— Faux, sauf intolérance particulière, il est généralement bien toléré, surtout consommé dans certaines préparations.

Le gruyère est le fromage « minceur ».
— Faux, c'est un fromage gras, il est à 45 pour 100 de matières grasses mais sur un poids sec.

Les biscottes font moins grossir que le pain.
— Faux, les biscottes sont du pain sans eau. 100 grammes de pain contiennent 70 grammes de farine et 30 grammes d'eau, 100 grammes de biscottes renferment 90 grammes de farine, 5 pour 100 de sucre, 5 pour 100 de graisse.

Le yaourt est décalcifiant.
— Faux, il est aussi riche en calcium que le lait, et ce calcium est parfaitement assimilé.

Les yaourts maigres sont à consommer de préférence, ils font moins grossir que les autres.
— Faux et vrai, la différence est en fait minime. Yaourt maigre : 0 pour 100, yaourt ordinaire : 1,5 pour 100, yaourt au lait entier : 3 pour 100. 50 calories pour un yaourt maigre, 60 calories pour un nature. En revanche est 3 fois plus calorique un yaourt maigre sucré, sans parler des yaourts maigres aux fruits...

Boire de l'eau en mangeant fait grossir.
— Faux, l'eau ne fait pas grossir car elle n'apporte aucune calorie. Si elle est consommée en excès, elle dissout certains sucs digestifs et peut gêner la digestion.

Le vin donne des forces.
— Faux, les calories fournies par l'alcool ne sont pas utilisées pour l'effort physique, en revanche, elles favorisent le stockage des graisses et par conséquent font grossir. 1 litre de vin à 10° correspond en calories à 60 grammes de graisse stockée.

Le sucre roux et le miel sont plus riches en vitamines que le sucre blanc.
— Faux, le sucre roux et le miel ne contiennent pratiquement pas de vitamines.

Le chocolat fait mal au foie.
— Faux, consommé de temps en temps et en petite quantité, il ne provoque aucun trouble digestif, mais comme tout aliment gras, il ne faut pas en abuser.

La viande blanche est moins nourrissante que la viande rouge.
— Faux, la viande blanche et les volailles contiennent autant de protéines que la viande rouge.

Les œufs font mal au foie.
— Faux, les œufs ne sont pas difficiles à digérer, c'est la façon de les préparer qui peut en rendre la digestion lourde. Trop de corps gras (huile ou beurre), température trop élevée (omelette et œufs frits).

Une banane vaut un steak.
— Faux, c'est un fruit énergétique, riche en sucre mais pauvre en protéines.

Les fruits ne font pas grossir.
— Faux, ils contiennent du sucre en proportion variable, ils ne sont donc pas anodins.

Le citron fait maigrir.
— Faux, c'est un fruit comme les autres, d'ailleurs, rien ne « fait maigrir ».

Les épinards sont riches en fer.
— Vrai et faux, ils en contiennent certes, comme tous les légumes à feuilles (choux, cresson...) mais ce fer est moins bien utilisé par l'organisme que celui de la viande ou du foie. Popeye est une création publicitaire des producteurs d'épinards américains et le pauvre, avec tout ce qu'il mange comme épinards, il doit être goutteux !

Les légumes et fruits surgelés sont moins bons pour la santé.
— Faux et archifaux, leur valeur vitaminique est largement égale à celle des produits frais.

Le riz est un aliment minceur.
— Faux, il fait autant grossir que les pâtes, il est tout autant énergétique.

L'huile d'olive est plus grasse que les autres huiles.
— Faux, toutes les huiles contiennent 100 pour 100 de graisse. Seule la qualité de ces graisses change et peut être plus ou moins indiquée dans tel ou tel type de régime ; en ce qui concerne le poids, elles font toutes grossir de la même façon.

La crème est aussi grasse que le beurre.
— Faux, elle apporte 35 pour 100 de matières grasses contre 82 pour 100 pour le beurre. Par ailleurs elle contient 59 pour 100 d'eau contre 16 pour 100 pour le beurre ; et que dire des nouvelles crèmes « minceur »...

Le beurre donne du cholestérol.
— Faux, ce n'est pas le beurre qui donne du cholestérol mais, chez les gens prédisposés, l'excès de toutes les graisses saturées.

La margarine au tournesol est recommandée dans un régime minceur.

— Faux, elle est aussi calorique que le beurre ou que les autres margarines, seule la qualité de ses acides gras change, ils sont insaturés et donc abaissent la cholestérolémie.

L'idéal pour le goûter ce sont les biscuits.
— Faux, les biscuits contiennent trop de sucres ajoutés.

La seule façon de ne pas avoir de caries dentaires est de se brosser les dents 3 fois par jour.
— Faux, il faut surtout diminuer les sucres raffinés et prendre du fluor. Par ailleurs il vaut mieux se brosser les dents une fois par jour 6 minutes que 3 fois 30 secondes...

Sauter le petit déjeuner (ou un autre repas) aide à garder la ligne.
— Faux, c'est le meilleur moyen de se précipiter sur le repas suivant et d'avoir des coups de pompe (malaise hypoglycémique) creusant l'appétit.

Le Coca-Cola décape bien les métaux rouillés.
— Vrai, mais beaucoup moins bien que l'acide chlorhydrique contenu dans notre estomac...

Il faut manger des yaourts avec les antibiotiques.
— Faux, les ferments lactiques des yaourts ne remplacent pas la flore bactérienne utile. Il semblerait même que certains antibiotiques soient en partie inactivés en présence de produits laitiers.

Il vaut mieux manger de la viande crue que de la viande cuite.
— Faux, la cuisson ne change rien à la valeur nutritionnelle de la viande elle-même. Elle détruit les bactéries mais peut apporter des corps gras en fonction de ce que l'on ajoute à la cuisson.

Il vaut mieux manger du foie de veau que du foie de génisse, d'agneau ou de bœuf.

— Faux, c'est exactement la même chose, seul le foie de bœuf est un peu plus riche en fer.

Le porc est plus gras que le bœuf.
— Vrai et faux, un rôti de porc maigre peut contenir moins de graisse que le faux-filet ou l'entrecôte.

Il faut habituer les enfants à boire du lait écrémé.
— Faux, sauf si un médecin le prescrit, il existe dans les matières grasses du lait des vitamines nécessaires à la croissance.

Il vaut mieux boire du lait de ferme.
— Vrai, pour augmenter ses risques d'intoxication alimentaire...

Le lait peut remplacer la viande.
— Vrai pour les protéines,
— faux pour le fer,
— et la viande ne contient pas de calcium.

Le café au lait est indigeste.
— Vrai, les tannins du café font avec l'acide de l'estomac des grumeaux rendant l'attaque de ceux-ci plus difficiles par les sucs digestifs.

Il faut boire du lait en cas d'empoisonnement.
— Faux, cela permet en diluant le poison de le faire passer encore un peu plus vite dans le sang...

Le lait favorise le sommeil.
— Vrai, grâce à la présence du tryptophane qui est un calmant.

La viande saignante est plus nourrissante.
— Faux, le jus ne contient rien ou presque, attention à la sauce.

La volaille vaut le steak.
— Vrai pour les protéines, mais les volailles sont moins grasses que les viandes. Attention cependant à la peau.

On ne doit pas manger de coquillages les mois sans r.
— Faux, à la condition d'être parfaitement certain de leur provenance (risque des grosses chaleurs). C'est aussi une question de goût, les huîtres par exemple peuvent être plus ou moins grasses.

Le poisson nourrit moins bien que la viande.
— Faux, la richesse en protéines est la même, le poisson est moins gras et se digère mieux, donnant l'impression, mais ce n'est qu'une impression, d'être moins nourrissant. Les poissons les plus gras sont souvent plus maigres que la plus maigre des viandes.

Il vaut mieux manger des œufs colorés que pâles.
— Faux, ce sont tous les mêmes, ce n'est qu'une question de pigmentation.

On peut manger les œufs n'importe comment.
— Faux, on doit les stocker le gros bout en l'air et à l'abri de la lumière, pas nécessairement au réfrigérateur.

L'œuf dur est indigeste.
— Faux, au contraire, c'est le mieux digéré mais comme il séjourne longtemps dans l'estomac (2 h), il donne l'impression d'être indigeste.

La cuisine au beurre est la meilleure.
— Faux, le beurre ne devrait jamais être cuit, les acides gras libérés lors de la cuisson se déposent sur les parois artérielles *définitivement*.

Les artichauts stimulent le foie.
— Faux, la feuille de la plante stimule la sécrétion de la vésicule... mais personne ne la consomme ; l'artichaut lui-même peut au contraire provoquer des ballonnements.

Les pommes de terre font grossir.
— Vrai, parce qu'on les mange cuites au beurre ou à l'huile et que les frites absorbent 20 pour 100 de leur poids en

huile, que deux poignées de chips équivalent à deux cuillerées à soupe d'huile,
— faux, parce que 250 grammes de pommes de terre apportent 215 calories, et que c'est notre source principale de vitamine C (suffisante pour 24 heures). C'est également l'une des meilleures sources de protéines. Ce qui fait grossir, comme toujours, c'est la ration déséquilibrée et non l'aliment en lui-même.

Les fruits acides décalcifient.
— Faux, les acides deviennent très vite alcalins et le citron pressé est moins contre-indiqué dans l'ulcère de l'estomac que le bicarbonate de soude.

Les pommes protègent de l'athérosclérose et de certains cancers.
— Vrai, grâce aux fibres qu'elles contiennent.

Il vaut mieux prendre des sorbets à l'eau que des glaces au lait.
— Faux, tout est fonction de la quantité de sucre, et les sorbets sont plus sucrés.

Il vaut mieux manger des purées pour bien digérer.
— Faux, au contraire, les aliments n'obligeant pas à la mastication sont peu imbibés des sucs salivaires utiles à la digestion.

Le sucre raffiné ne sert à rien.
— Vrai, sans commentaire. Rappelons que l'invention du sucre raffiné n'est vieille que de 100 ans...

On peut donner du chocolat aux enfants.
— Faux, la théobromine contenue dans le chocolat est un excitant interdit aux enfants de moins de 2 ans.

Le thé léger n'énerve pas.
— Faux, il faut que les tannins précipitent la caféine, ce qui se fait après 5 minutes d'infusion. Plus un thé est noir, moins il énerve.

Le thé énerve moins que le café.
— Vrai pour le café robusta,
— faux pour l'arabica où les quantités de caféine sont semblables.

Les steaks hachés surgelés sont très mauvais pour la santé.
— Faux, et les moins chers sont les meilleurs. Pourquoi ?
Parce que au lieu d'être pur bœuf, ils comportent au moins 15 pour 100 de protéines végétales dénuées de graisse animale...
Attention à la publicité vantant les 15 pour 100 de matières grasses. Il y a effectivement 15 pour 100 de matières grasses ajoutées mais il faut en plus tenir compte des matières grasses contenues dans les 85 pour 100 de « pur bœuf »... Sans commentaire.

LE SAVIEZ-VOUS ?

— *Les fruits secs oléagineux*, caloriques certes, contiennent davantage de calcium que le lait.
— *Les lentilles* contiennent davantage de protéines que la viande.
— *Le chou* contient 2 fois plus de vitamine C que l'orange. La feuille de chou, 5 fois plus.
— *Les céréales* contiennent 5 fois plus de vitamine B que la viande de bœuf.
— *Les haricots blancs* sont 2 fois plus riches en phosphore que le poisson.

3
Les régimes miracles,
inutiles, aberrants, dangereux

Tous les régimes ne sont pas bons à suivre, certains sont même franchement dangereux. Maigrir, et surtout rester mince ne s'adresse qu'à des gens intelligents. Cela est extraordinairement élitiste mais si l'on a un QI (quotient intellectuel) inférieur à la moyenne il est impossible de maigrir, si le QI est égal à la moyenne on pourra maigrir, mais il sera difficile de rester mince, et seulement si le QI est supérieur à la moyenne on peut avoir un peu d'espoir... Cependant, tout intelligent que l'on puisse être, quelque part en nous sommeille une naïveté qui a la vie dure, et qui nous laisse croire au grand sorcier qui va d'un coup de baguette magique (mais en fait à coup de petites pilules miracles) nous débarrassera (sans effort) de notre excès de poids... Et, inévitablement chaque année, on assiste à la naissance d'un régime miracle. Le bouche-à-oreille faisant le reste, tout le monde plonge (même les gens à quotient intellectuel élevé), et nous voilà tous en train d'absorber de la cosse « machin » ou suivre le dernier régime en vogue aux Caraïbes.

Plus un régime miracle fait appel à notre goût de l'exotisme (régime Hollywood) et à notre imaginaire, plus le régime vient de loin (de préférence faisant appel à une philosophie différente de la nôtre), plus il suggère une image de gens beaux, sains, branchés ou au contraire ascétiques mais en si bonne santé... et plus ce régime « marchera »... Et plus dur sera le réveil, car il n'existe (malheureusement) pas de régime miracle. *Rien ne fait maigrir* si ce n'est la diététique dont les lois sont les mêmes en Asie centrale, aux États-Unis, en Europe ou dans les îles.

Le but d'un régime est de rétablir un équilibre, non de le perturber. Malheureusement, les régimes de « diététique sauvage », diffusés par certains médias assortis de photos de mannequins sveltes et bronzés (auxquels inconsciemment on désire s'identifier) ou simplement transmis par le bouche-à-oreille, peuvent être responsables de graves désordres nutritionnels et métaboliques pour peu que l'on applique ces régimes avec persévérance.

Tous les régimes font maigrir, les plus sages comme les plus fous... le tout est de rester mince sans avoir subi trop de dégâts sur le plan santé. Dès lors que l'on réduit l'apport de calories pour les suralimentés que nous sommes, il sera facile de maigrir en quinze jours... et de reprendre ces kilos aussi vite avec, en prime, un organisme échaudé et méfiant, car, malin, il se méfiera et stockera avec encore plus de voracité les graisses que nous lui apporterons, en prévision des nouvelles « famines et disettes » que nous lui infligerons. En effet, plus l'on fera de régimes « yoyo » plus il sera difficile de reperdre les kilos repris, reperdus, rerepris, etc., car il y a une adaptation de l'organisme. Par ailleurs, plus vite vous maigrirez, plus vite vous regrossirez.

On dénombre actuellement quelque sept cents régimes chocs qui tous ont la particularité de faire plus ou moins maigrir, c'est vrai, mais aussi de fatiguer, de déprimer et surtout d'altérer l'organisme.

LE RÉGIME SEC

Avec un apport calorique libre mais une grande restriction de tout apport liquidien. On ne boit pas, théorie élaborée à partir de certains principes (faux) comme :
— ne pas boire forge le caractère,
— boire beaucoup dilate l'estomac,
— et... fait transpirer.
Très dangereux, même à court terme, c'est le type par-

fait du régime aberrant avec risque de décès brutal. Son succès tient à la perte de poids rapide et spectaculaire liée tout simplement à la déshydratation. Mais la masse de graisse est toujours là.

LE RÉGIME DISSOCIÉ

Repose essentiellement sur la consommation exclusive chaque jour d'une seule catégorie d'aliments. Par exemple, le lundi consommation exclusive de viande, le mardi consommation exclusive de fruits, le mercredi de légumes, le jeudi de laitages, le vendredi de poissons, etc. Son succès vient de la sensation de satiété liée à l'écœurement que l'on ressent très vite. Cela donne lieu à un phénomène d'autolimitation des prises alimentaires qui fait que l'on n'absorbe guère plus de 800 à 1 200 calories par jour.

Le principe repose sur le fait que c'est l'interaction entre certaines catégories d'aliments qui est nuisible, donc engraissante. L'amaigrissement est rapide mais entraîne de multiples carences avec déséquilibre vitaminique, protéique, calcique et psychologique. L'équilibre nutritionnel quotidien avec apport en glucides, protéines et lipides est forcément rompu et nos activités métaboliques perturbées. C'est un *régime dangereux* même à court terme et complètement invraisemblable puisque le principe est de faire cela continuellement, ce qui n'est pas très pratique chez des amis ou au restaurant...

LE RÉGIME DE LA MAYO CLINIC

C'est un régime hypocalorique à environ 600 calories par jour. On le suit de façon très stricte pendant 13 jours. L'apport protéique est relativement élevé avec 2 à 6 œufs par jour. L'amaigrissement est très rapide mais il favorise une reprise de poids rapide car l'on peut s'alimenter librement dès le quinzième jour.

Il s'adresse à une clientèle désirant se faire nurser car

la prise en charge est totale et les menus « originaux ». Il
s'adresse à des gens qui ont pris 5 à 6 kilos rapidement et
dont les impératifs professionnels font qu'ils doivent les
reperdre rapidement. Il dure 13 jours. Si l'hospitalisation
a eu lieu le lundi l'on ressort le samedi de la semaine suivante. On y consomme beaucoup d'œufs car c'est la source
de protéines la moins chère et la plus rapide à confection-
ner en cuisine de collectivité... Régime réalisant une carence
en vitamines et en calcium, il est à éviter absolument si l'on
prend la pilule ou en cas de cholestérol trop élevé.

LE RÉGIME ZEN (OU MACROBIOTIQUE)

Composé exclusivement de 70 à 90 pour 100 de céréales, 10 à 30 pour 100 de légumes et fruits avec une prédominance de produits dits biologiques. Ce régime entend
réveiller le spirituel sommeillant en chacun de nous. Usant
beaucoup du terrorisme diététique (voir ce chapitre), il vise
à nous faire prendre conscience du fait que nous nous nourrissons de cadavres en décomposition. Ses adeptes ont un
côté un peu « baba cool des seventies ».
Il faut respecter l'équilibre des aliments YIN principe
féminin (sucres, légumes, salades, fruits), et YANG principe masculin (céréales : blé, riz complet, sarrasin, soja, lentilles). Aucun avantage sur le plan nutritionnel, on mâche
sans fin mais on maigrit. Régime complètement déséquilibré pour nous pauvres Occidentaux, avec carences calciques et multivitaminiques, principalement la vitamine B 12,
et manque de fer. On risque d'y laisser ses muscles, ses tissus, sa peau, son tonus (anémie) et une bonne partie de
son entrain psychologique. Ses conséquences nutritionnelles
désastreuses l'ont fait condamner par le « Council on Food
and Nutrition ». 3 000 adeptes en France.

LE RÉGIME ATKINS (SANS HYDRATE DE CARBONE)

Le principe en est de supprimer les sucres (ou glucides

ou hydrates de carbone) car, sans eux, on ne peut pas stocker les graisses. On peut, en revanche, consommer à volonté graisses et protéines. Sont interdits : sucres sous toutes ses formes : gâteaux, sucreries, sodas..., pain, féculents, légumes secs, fruits, alcool, laits, certains légumes verts. Sont autorisés sans limites les aliments gras et protéinés.

Fait perdre beaucoup d'eau (et donc de poids) au début. Régime à réalisation facile et pratique, il présente l'énorme avantage de ne pas affamer donc de ne pas être frustrant. En fait, on se limite soi-même très vite car tout ce gras est rapidement écœurant (des rillettes sans pain, cela va trois jours). Carencé en toutes sortes de vitamines, déséquilibré sur le plan nutritionnel, provoque des constipations opiniâtres (peu de fibres), fait monter le taux de cholestérol, favorise la fonte des muscles, déshydrate, ne rééduque pas les habitudes alimentaires (au contraire), bref plutôt dangereux. Et... reprise de poids assurée.

REPAS UNIQUE

Repas unique, copieux, sans limitation quantitative, grignotage interdit. Pratique pour ceux qui souffrent du « syndrome du repas d'affaires » copieux et fréquent. La liberté calorique du repas unique supprime le côté frustrant du régime classique à restriction constante. Mais, comme nous l'avons vu, sauter un repas ne fait pas maigrir. Un seul repas quotidien fait davantage grossir que le même apport calorique fractionné en deux ou trois repas. Notre corps se dépêche de stocker l'excédent calorique sous forme de graisse. Hypoglycémiques et dépressifs s'abstenir, ce type de régime est déséquilibré.

LE JEÛNE OU DIÈTE HYDRIQUE

Pas d'aliment, de l'eau à volonté... et c'est tout (sous surveillance médicale stricte). Idéal pour sa valeur symbole de purification et sanction pour obèse désirant se flageller. Amaigrissement spectaculaire, plusieurs kilos par semaine, démodé actuellement mais bon pour démarrer une cure d'amaigrissement quand on ne sait plus par quel bout perdre son gras. Nuisible sur le plan physiologique, fonte musculaire, troubles de santé divers et variés, destruction de la masse active. Ce régime, toujours déconseillé quelle qu'en soit la durée, reste très dangereux. La reprise de poids est quasi inévitable.

LE JEÛNE HYPERPROTIDIQUE OU DIÈTE PROTIDIQUE

Méthode d'exception, moins dangereux que la diète hydrique pure, ce régime est indiqué pour les obésités monstrueuses et rebelles.

De l'eau, toujours à volonté, avec un apport protéique sous forme de poudre diluée d'environ 50 à 100 grammes par jour selon les cas (200 à 400 calories). L'apport glucidolipidique est nul et un supplément vitaminique est nécessaire. L'amaigrissement est spectaculairement rapide, de l'ordre de 300 grammes par jour mais les carences sont multiples (sels minéraux, vitamines) malgré la supplémentation. Reprise pondérale quasi inévitable lors de la réalimentation, même progressive.

LE RÉGIME VÉGÉTALIEN

Composé uniquement d'aliments végétaux. Le principe est de fuir à tout prix les toxines contenues dans les produits et sous-produits animaux (les cadavres !). Très déséquilibré, avec multiples carences : protéiques, vitaminiques et calciques. Risque sévère d'anémie, de malnutrition, de dénutrition. C'est un régime très dangereux, catastrophique en période de croissance. A fuir.

LE RÉGIME VÉGÉTARIEN

Consommation d'aliments végétaux, excluant celle des animaux mais permettant celle des sous-produits animaux (œufs, lait, fromage, beurre). Deux œufs équivalent à 100 grammes de viande, ration quotidienne protéique. L'équilibre protéidique est maintenu par une large consommation d'œufs et de produits laitiers ainsi que toutes sortes de protéines végétales (céréales, légumes secs, soja, fruits oléagineux comme noix, noisettes, amandes...).

Riche en fibres, côlon irritable s'abstenir, car les fibres évitant la constipation peuvent également entraîner des ballonnements et des douleurs abdominales (colites).

Ce régime correspond souvent à une éthique, un retour à une vie plus saine, plus naturelle. Il est considéré par ses défenseurs comme moins nocif que l'alimentation mixte traditionnelle. Protégerait (toujours d'après ses adeptes) de toutes les maladies dégénératives de nos sociétés occidentales (affections vasculaires, cancers, etc.).

LE RÉGIME FRUITS

Cure de fruits uniquement. Choisis en fonction de leurs propriétés, la mode varie au fil des années avec deux constantes : l'ananas et la banane. Ses adeptes soutiennent qu'en fait, l'homme était programmé pour être frugivore (Ah ! Ève !).

Régime d'exception car déséquilibré, les carences protéique, calcique et multivitaminique sont majeures.

LE RÉGIME SANS SEL

L'apport calorique est libre mais le sel est totalement exclu. Sont interdits : les charcuteries, pains, biscottes, fromages, conserves, plats en sauce, pâtisseries, biscuits du commerce, certaines eaux (Vichy). Sont autorisés : les viandes, poissons, œufs, légumes, féculents, fromages frais, pains et biscottes sans sel, matières grasses, boissons diverses non salées.

La perte de poids est faible (1 à 2 kilos) car ce régime ne fait que provoquer l'élimination d'eau en excès dans les tissus, or les personnes souffrant d'un surpoids n'ont pas trop d'eau, proportionnellement, elles en ont moins que les sujets normaux ou maigres. Le risque encouru d'une trop forte restriction sodée est donc une possible déshydratation.

LE RÉGIME LIQUIDE (RÉGIME MIXÉ, LIQUÉFIÉ)

Alimentation exclusivement liquide avec une libre consommation des boissons. Tous les aliments sont autorisés, mais uniquement sous forme de purées, de compotes, de bouillons. Ce régime n'est pas déséquilibré mais il n'entraînera qu'un amaigrissement modeste. Risque de régression psychologique (identification, confusion avec les bouillies de l'enfance).

LE RÉGIME SANS SUCRE

Suppression totale des sucres (glucides) dits à absorption rapide. Les sucres lents (pains, féculents, légumes secs) sont autorisés ainsi que les légumes verts, laitages, protides et lipides.

Alcool interdit, possibilité d'avoir recours aux édulcorants de synthèse. Régime intéressant chez les gros consommateurs de sucre, non déséquilibré sur le plan nutritionnel. Il est cependant insuffisamment restrictif pour entraîner véritablement un amaigrissement très marquant.

LES WEIGHT WATCHERS

Thérapie de groupe, avec un contrôle de poids hebdomadaire assorti de séances d'autocritiques régulières. Un régime hypocalorique est prescrit : environ 1 200 calories pour les femmes et 1 500 calories pour les hommes. Ce régime n'est communiqué qu'au sein de l'association.

Prise en charge psychologique totale ; on ne se sent plus seul pour aborder son problème de poids, ce qui est censé entraîner un renforcement de la motivation. On parle de ses petits problèmes et les ex-obèses animant les réunions vous congratulent en cas de perte de poids. Attention, la discipline est très ferme, les animateurs sont renvoyés en cas de prise de poids et vous aussi en cas d'absences injustifiées et répétées, ou de retard de cotisation.

Individualistes s'abstenir. Il n'existe pas de contre-indication à ce type de régime, mais attention à l'arrêt du psychodrame de groupe.

LE RÉGIME BASSES CALORIES (HYPOCALORIQUE)

Apport calorique global réduit et oscillant entre 800 et 1 500 calories par jour. Fractionné en trois repas plus deux collations (généralement un fruit à 10 h et à 16 h). Le principe est simple, on supprime les sucres d'absorption rapide, l'alcool, on réduit les sucres d'absorption lente et les graisses. On conserve une ration protéidique élevée. Ce régime, bien équilibré, reste le régime sérieux par excellence. On maigrit régulièrement sans fatigue ni carence. On perd environ 3 kilos par mois.

Moins spectaculaire que tous les autres « régimes miracles », il est sans danger et ses résultats positifs restent durables, on apprend à bien se nourrir définitivement. Des consultations fréquentes auprès de médecins ou de diététiciens apportent à la fois la connaissance des aliments et le soutien psychologique nécessaires. Il faut être patient et éviter tout écart qui anéantirait l'effet bénéfique d'une semaine d'effort. Nécessite une bonne motivation car ce régime ne promet pas de miracle rapide mais un résultat sûr dans le temps.

LE RÉGIME CRUDIVORISTE

Alimentation végétale crue, consommation autorisée de tout ainsi que des dérivés lactés et des œufs. Seuls le pain et les biscuits peuvent être cuits. Mode de vie plutôt que régime alimentaire. Hypocalorique mais déséquilibré, présentant de multiples carences, entraîne des ballonnements et des colites par son absence de cuisson. Régime dangereux à long terme.

LE RÉGIME SHELTON
(MENUS DISSOCIÉS, COMBINAISONS ALIMENTAIRES)

Le principe est de ne jamais consommer en même temps des aliments nécessitant des sécrétions digestives très différentes : certains repas seront des repas de protéines, d'autres d'amidons, d'autres de fruits. Les aliments sont classés en 7 catégories :
1. les protéines,
2. les glucides ou hydrates de carbone (amidons ou farineux, amidons légers ou petits farineux, sirops et sucres, fruits doux),
3. les graisses,
4. les fruits acides,
5. les fruits mi-acides,
6. les légumes verts non farineux,
7. les melons.
A partir de cette classification, certaines combinaisons alimentaires sont conseillées, d'autres absolument interdites lors d'un même repas. Exemples de combinaisons interdites : acides-amidons, protéines-amidons, protéines-acides, graisses-protéines, sucres-protéines, sucres-amidons ; les melons ainsi que le lait doivent toujours être consommés seuls.
Régime complexe car il faut bien connaître la composition des aliments ainsi que leur classification. Gymnastique intellectuelle assurée pour le choix de chaque repas. Régime déconseillé car alimentation déséquilibrée assor-

tie de carences vitaminiques multiples ainsi que calcique et protéique. Autre variante, le régime Hay, mêmes principes, mêmes effets.

L'ANTIRÉGIME

Apprentissage du self-control avec une stimulation constante de sa propre volonté. On apprend à ne pas confondre faim et appétit ou gourmandise et à vite différencier les vraies faims physiologiques des faims factices liées à l'anxiété, l'angoisse. On interroge sans cesse son degré d'appétit lorsque celui-ci se manifeste, on le jauge, le repousse, le sublime.

Démarche essentiellement psychologique, l'alimentation reste libre sous les réserves que l'on sait. Nécessite une motivation profonde car l'on se prend en charge soi-même et l'on ne peut pas tricher.

Apprentissage du self-control lié au détachement que l'on acquiert vis-à-vis de certains aliments — bouillottes affectives.

Idéal lorsque la surcharge pondérale est liée à un conflit psychologique.

4
Les sept erreurs minceur

ERREUR N° 1 : L'IMPATIENCE

La première erreur réside dans le fait de vouloir perdre ses kilos en un mois. Ces kilos, vous avez mis des années à les prendre et vous voudriez qu'ils fondent en un mois. Cela est possible avec n'importe quel régime extravagant. Vous les reprendrez aussi vite dès la fin du régime, et même un peu plus. Le meilleur gage de réussite est la lenteur et la patience. Il faut un certain temps pour apprendre à rééquilibrer son alimentation. Maigrir, c'est toujours facile, rester mince est plus difficile, aux mêmes causes correspondant les mêmes effets, devinez ce qui vous reste à faire...

ERREUR N° 2 : LE JEÛNE

Cela vous ennuie de rééquilibrer votre alimentation, vous n'êtes pas vraiment motivé. Dès que vous êtes à table, c'est pour que la fête commence! Alors, pour ne pas grossir, vous jeûnez les trois premiers jours de la semaine pour mieux vous empiffrer les jours suivants. Cela est très dangereux car vous soumettez votre organisme à des stress métaboliques permanents. Ces excès aberrants se payent généralement par des kilos supplémentaires ou une déprime.

ERREUR N° 3 : L'IMAGE FAUSSÉE

Vous vous imaginez qu'un régime va vous rendre grande et longiligne comme les cover-girls des magazines. En fait, vous rêvez de 5 ou 10 centimètres de plus contre vos 4 kilos en trop que vous abandonneriez bien. Il est souvent beaucoup plus difficile aux femmes petites d'être minces. Le poids idéal d'une femme de 1,50 m varie de 43 à 48 kilos, tandis que celui d'une femme de 1,70 m varie de 53 à 60 kilos. Les petites et les moyennes ont moins de marge que les grandes. On estime les besoins caloriques d'une sédentaire à 30 calories par kilo de poids idéal, ce n'est pas beaucoup. Les femmes petites ou moyennes mangent souvent trop et doivent par conséquent particulièrement rééquilibrer leur alimentation car tout écart part dans les cuisses.

ERREUR N° 4 : LE MANQUE DE COURAGE (OU DE VOLONTÉ)

Vous envoyez promener les régimes au bout de 3, 6 ou 9 jours et craquez sur le gras ou le sucre, gourmands que vous êtes ! Vous ne pouvez résister à la nourriture, cela vous fait culpabiliser, et pour vous consoler, vous mangez... et vous vous retrouvez plus gros qu'avant. Pour certaines personnes amoureuses des plaisirs de la table, se priver de manger est psychologiquement intolérable. Plutôt que de se pénaliser sur un plaisir, il faut savoir utiliser les excellents livres où l'on enseigne comment « gastronomiser la diététique » selon l'expression du professeur Apfelbaum.

ERREUR N° 5 : LES RÉGIMES ACCORDÉONS

Les régimes, vous connaissez, vous avez perdu 200 kilos en 8 ans. Au départ, vous en aviez trois en trop, que vous avez vite perdus et aussi vite repris... plus deux, tous reperdus (sauf un) avec un régime très dur, puis vous en avez repris six sur un coup de déprime, etc., etc. Partie avec trois kilos, vous revenez avec dix en trop. Plus l'on maigrit mal, plus la graisse s'installe car l'organisme réagit, fait des réserves et stocke la graisse.

ERREUR N° 6 : LE DÉSÉQUILIBRE

Vous surveillez vos calories, entre 1 500 et 1 800, tout semble normal. Et pourtant, impossible de perdre ces cinq kilos en trop. Vous avez bien supprimé le pain et les plats en sauce, à vous les steaks, salades, fruits et cafés. N'oubliez pas que le steak le plus maigre contiendra 20 pour 100 de graisses cachées, que les salades sont bien belles mais baignent dans l'huile, que le Coca et autres sodas que vous buvez parfois sont bourrés de sucre, sans compter bien sûr ceux des fruits et des innombrables cafés que vous prenez pour vous aider à tenir le coup car le régime, c'est bien connu, ça fatigue !...

ERREUR N° 7 : VOUS ÊTES MOU, MOU, MOU...

Votre alimentation est à peu près équilibrée. La diététique, vous avez compris et assimilé. Néanmoins, vous traînez quelques kilos en trop, comme un vieux fardeau. Vous êtes tout ce qu'il y a de plus sédentaire. Fuyez l'ascenseur comme le diable ! Montez les escaliers à pied, marchez au lieu de prendre votre voiture pour faire 300 mètres. Ne demandez pas que l'on vous apporte le livre qui est dans la pièce voisine, levez-vous et allez le chercher vous-même. Observez bien les minces, ils sont toujours en mouvement, ce sont des actifs. Quant aux obèses, leurs gestes font parfois penser à des ralentis de cinéma.

5

L'industrie de la minceur

Qui, finalement, prend au sérieux et qui a du temps à consacrer à ces si nombreux malheureux affligés d'un surpoids ? Quelques très rares membres du corps hospitalo-universitaire, peu de médecins généralistes dont la formation en matière de diététique est quasi inexistante et qui après les inévitables conseils « Supprimez le pain, l'alcool, les gâteaux et les sucreries », vous diront, pleins de bonne volonté mais ignorants : « Vous pouvez manger autant de fruits que vous voulez... » Quant aux théoriciens, ces braves professeurs Nimbus, le nez plongé dans leurs pipettes, ils accoucheront de travaux fort intéressants certes, mais aux doctrines puisées dans des cages à souris, conclusions pas toujours adaptables aux bipèdes que nous sommes.

Voici donc la porte ouverte à une catégorie de praticiens qui, les babines retroussées, ont senti le « créneau » illimité que pouvait leur offrir « l'industrie de l'amaigrissement ». Charlatans ? Souvent oui, mais surtout plus intéressés qu'intéressants. La mode, fulgurante, fait et défait leur réputation. Le « bouche-à-oreille » fonctionne à merveille.

PETIT MODE D'EMPLOI A L'USAGE
DES CHARLATANS DÉSIRANT FAIRE MAIGRIR
LEURS PATIENTS PAR PSEUDO-HOMÉOPATHIE

Préambule : tout le monde sait que l'acide acétyl salicylique est de l'aspirine (ne sert à rien dans les régimes), certaines personnes peuvent savoir que le lasilix est un puissant diurétique (grand-mère en prenait), personne ne sait (en dehors des professionnels) ce qu'est le furosémide. Le furosémide est un excellent médicament, réservé à certaines insuffisances, cardiaques ou rénales, c'est un diurétique puissant plus connu sous son nom commercial de lasilix... Simple manipulation à laquelle il suffisait de penser.

Mode d'emploi proprement dit :

— *1er temps* : écrire sur une ordonnance, à la main et au feutre noir (très important) ou avec une machine à écrire à caractères noirs une ordonnance type, sans nom et sans date. Faire photocopier une série.

— *2e temps* : à l'aide d'un feutre noir équivalent ou de la même machine personnalisez en mettant la date du jour et le nom du patient.

— *3e temps* : ne jamais inscrire les noms commerciaux des médicaments, mais toujours le nom de la molécule (en latin, c'est encore plus chic) car soit votre patient peut connaître le médicament et s'il est marqué « extraits thyroïdiens » cela fait « mauvais genre », soit il peut lire le mode d'emploi et surtout les contre-indications, ce qui ne vaut guère mieux.

— *4e temps* : user de son autorité afin de faire effectuer la potion magistrale par un pharmacien « ami ». Cette pratique permettra une tarification (fort) différente de celle de la Sécurité sociale puisque le médicament devient alors « préparé », permettra de conserver le mystère à la préparation (obligera donc le patient à revenir), permettra un éventuel partage des bénéfices, et évitera que ce damné patient se renseigne sur ce qu'il ingurgite.

Pour le patient : toujours vérifier ces ordonnances à jour frisant afin de voir la différence photocopieuse date-nom, toujours jeter à la poubelle l'ordonnance et ne surtout pas prendre la prescription...

Pour information, ces ordonnances contiennent toujours : extraits thyroïdiens, amphétamines, diurétiques, hormones, calmants, seuls ou associés en proportions variables.

Ce genre de médications miracles fournissent d'ailleurs des succès spectaculaires, brillants mais... éphémères et dangereux. Chez ces praticiens, la tentation est grande d'exploiter la naïveté et l'anxiété du patient au détriment de sa santé. Il faut dire que les six premiers mois, cela va être extraordinaire, vous allez maigrir et être en pleine forme (extraits thyroïdiens et amphétamines) et vous dire : « Le docteur Tartempion est formidable, j'ai essayé tous les régimes amaigrissants, mais celui-là marche ! », vous allez envoyer un certain nombre de vos relations chez ce praticien qui va ainsi se constituer une belle clientèle de bouche-à-oreille.

Généralement, entre 6 et 14 mois plus tard, quelque chose ne va pas bien se passer et vous allez faire une dépression nerveuse (les amphétamines sont les antagonistes des antidépresseurs), et reprendre tout le poids que vous avez perdu avec souvent une surprime plus ou moins importante. Ce n'est plus le problème de votre amaigrisseur, lui vous aura fait perdre vos kilos et tous les amis que vous lui aurez adressés auront fait de même (en kilogrammes et en kilo... francs). On ne fera pas forcément le rapport entre médicaments amaigrissants (chacun sait que les petites plantes ce n'est pas dangereux, la preuve le hachisch et les dérivés du pavot...) et dépression nerveuse. On mettra cela sur le compte d'un changement de schéma corporel, d'un surcroît de fatigue, etc., et c'est ainsi que fleurissent tous les ans de nouveaux praticiens à la mode s'engraissant aux dépens de leurs patients et dont les succès sont aussi éphémères que brillants.

Il n'existe pas de diététicien miracle, la diététique a ses lois qui la rendent une et indivisible. Les gens qui à la faveur d'une publicité tapageuse exploitent la crédulité qui sommeille en chacun de nous et vous font maigrir miraculeusement, sont non seulement des charlatans mais surtout des criminels, l'un d'entre eux a d'ailleurs défrayé la chronique il y a peu de temps. Personne ne peut maigrir à votre place, un spécialiste peut vous y aider, il ne peut que vous aider, il ne fera pas de miracle et ne fera pas le régime pour vous. Les spécialistes existent et existeront de plus en plus à mesure que la médecine prend conscience de la nécessité de la prévention. Il y a quarante ans, aucun mandarin ne daignait se pencher sur le lit d'un obèse. Personne n'aurait songé à hospitaliser quelqu'un en raison de son excès pondéral. Les seuls gros hébergés dans un lit d'hôpital l'étaient en raison d'une maladie artérielle ou cardiaque favorisée par leur obésité, mais la véritable raison, on ne s'en souciait guère.

L'Europe sortait d'une longue période de privations, l'Europe avait eu faim pendant la guerre et ne pensait plus, en cette période d'après-guerre, qu'à manger, bouffer, bâfrer. Les mots « régime » et « privation » étaient tabous et mal vécus. Avez-vous souvent mangé des topinambours ces dernières années ? Et pourtant ! Alors ? Eh bien, après ces nombreuses années de privations, les Européens adoptèrent aveuglément cette mode aux aberrations hyperglucidiques importées par les troupes US : boissons sucrées, ice-cream, toute cette nourriture surgrasse, génératrice de bébés obèses, de gros adolescents et plus tard d'adultes à problèmes (psychologiques, de santé, etc.).

Dernière chose, il n'existe actuellement aucun médicament sans danger pour maigrir (ou contre la fatigue). Croyez-moi sur parole, si de tels médicaments existaient, il n'y aurait absolument aucun médecin gros (ou fatigué)...

6
Le terrorisme diététique

Les freudiens ne manqueront pas de noter avec intérêt que, alors que de nos jours toute répression sexuelle a pratiquement disparu, se substitue progressivement une répression orale avec ce que l'on pourrait appeler le « terrorisme de la diététique pure et dure », ou tout simplement « le syndrome du régime ».

Qui n'a dans ses relations un adepte de la diététique pure, de celle qui, loin de vous simplifier la vie, vous la rend tout bonnement invivable ? Rares sont les gens qui ont une hygiène de vie parfaite. Le mieux étant l'ennemi du bien, je pense, personnellement, que les obsédés de la diététique dégagent un ennui profond. Aller acheter ses légumes à 45 kilomètres de Paris parce qu'ils sont censés être biologiques, peser systématiquement tout en calculant les rations alimentaires que l'on absorbe à chaque repas, 24 heures sur 24, 365 jours par an, tient plus pour moi de la névrose que d'un mode de vie sain. Les stakhanovistes de la diététique sont épouvantablement ennuyeux pour les autres, et même souvent pour les médecins. Il faut avoir une diététique équilibrée certes, mais celle-ci doit passer après une vie normale et non pas l'inverse.

C'est au sein de ce groupe que le Centre de communication avancée, institut d'analyse sociologique, nomme les « décalés libertaires » que se situent les purs et durs de la médecine et de l'alimentation différente. Végétariens, macrobiotes, ils représentent la relève des babas cool des années 70. Leur démarche ressemble à une ascèse morale, librement choisie, et dont ils ont eux-mêmes défini les termes. La seule manière de ne pas subir un code ou un mode de vie, c'est de le créer. « S'il faut se lever tôt le dimanche matin et traverser Paris pour trouver un marché biologique, on le fait »... La souffrance, la privation, la discipline ne sont pas vécues en tant que telles mais comme les moyens d'une perfection, d'une originalité, les conditions d'une évasion. C'est comme rouler en Land Rover à Paris, inconfortable mais synonyme d'aventures, de voyages... dans la tête.

Pêle-mêle, voici quelques conseils extraits de livres diététiques pour vous simplifier la vie.

— « Faites tremper vos fruits dans de l'eau additionnée d'acide chlorhydrique à 3 pour 100 avant de les rincer soigneusement à l'eau claire. »

Eh oui, car en principe, nos aliments devraient être de provenance orthobiologique, c'est-à-dire non empoisonnés par la chimie de synthèse. En effet, tous nos fruits et légumes sont traités chimiquement à l'aide d'un grand nombre de toxiques. Alors, c'est simple, il faut ruser et inspecter chaque fruit. Par exemple, en ce qui concerne les agrumes (oranges, mandarines, pamplemousses...), « ceux-ci doivent avoir un parfum agréable ». Donc discrètement au marché devant l'étalage, vous les humez. « Ensuite, veillez à ce que la peau soit nette. » Malheureusement, il faut couper ces fruits pour se rendre compte de leur saveur réelle et de la valeur de leur peau. « Il est donc bon d'en choisir un échantillon et même de l'acheter avant d'en prendre une quantité importante. » Voilà, simplissime, non ? Vous faites la queue, achetez une mandarine, une orange, un pamplemousse, ne prêtez aucune attention à l'air goguenard du marchand, en douce, vous vous mettez de côté et à l'aide de votre canif porte-clés, incisez délicatement le fruit. Inspection de rigueur, statuez sur son sort. S'il emporte votre approbation, refaites la queue pour cette fois faire peser la quantité désirée, puis la queue à nouveau pour payer à la caisse. S'il n'emporte pas votre approbation, retour à la case départ. Veillez à garder un masque imperturbable, afin de ne pas donner prise à l'hilarité de ces primaires qui n'ont rien compris. Si vous avez du temps devant vous, cela forge le caractère... et puis le ridicule ne tue pas, après tout il y va de votre santé.

— « En ce qui concerne les raisins dont la provenance est inconnue, les laver très soigneusement (certes !) et, sans les mastiquer, enlever la peau... il faut toujours enlever préalablement les parties toxiques utilisées en agriculture, auxquelles l'enfant est particulièrement vulnérable. Le simple fait de porter à la bouche la peau d'une cinquantaine de grains de raisins peut entraîner un dessèchement de la bouche et de la langue, avec fendillement des coins de lèvres »...

Eh bien nous voilà beaux ! Alors ne vous inquiétez pas, le remède est comme toujours très simple. Nous avons vu que tous les aliments étaient empoisonnés avec cette contamination excessive de produits chimiques, par conséquent, trois solutions :

1. Acheter ses légumes dans les magasins diététiques. Le problème est qu'ils n'ont jamais l'air très en forme, ils ne sont pas de la veille, c'est sûr, bref ne suscitent aucune pulsion acheteuse de notre part. C'est tout à leur honneur, ils sont tout ce qu'il y a de plus biologique et n'ont (en principe) subi aucun traitement chimique conservateur qui leur donnerait meilleure mine. Mais nous, et c'est plus fort que nous, on ne les trouve pas terribles.

2. Aller acheter ses légumes à 45 kilomètres de Paris dans une ferme biologique (20 minutes de l'Étoile, mais si, mais si !). Toute garantie de fraîcheur et de pureté, seules les crottes seront à essuyer, mais toutes les vitamines sont là. Seule restriction, aller discrètement inspecter le champ du voisin, car si celui-ci est plein de pesticides, c'est fichu, la contagion souterraine aura opéré. Faites ce genre d'opération un jour sur deux (20 minutes de l'Étoile, et si vous habitez la province...) car au bout d'un jour ou deux, les vitamines ont une fâcheuse tendance à s'enfuir. Dernier point, gardez vos adresses pour vous, car si vos amis se mettent à faire comme vous, vu la faible production de ces fermes biologiques !!!

3. N'oubliez pas qu'il y va de la santé des enfants et des

grands de se procurer des aliments de haute qualité biologique. Si vous déplacer ainsi vous semble difficile à mettre en œuvre, reste la solution de les produire vous-même.

« Certaines méthodes actuelles permettent de réaliser un petit jardin, même sur un balcon, pour le persil, le cerfeuil et même quelques salades. Un petit jardin de 20 à 100 mètres carrés comporte des avantages inestimables pour la famille qui sait le mettre en valeur par les méthodes naturelles de compostage. »

Là encore, c'est tout simple et il suffisait d'y penser. Simplement, soyez rapide avant que les prix du mètre carré de terrasse ne grimpent. Après tout, certains babas cool cultivent bien du hachisch sur leur balcon, alors!... écologique, non?

Et ce n'est pas fini, nous courons de réels dangers, tellement réels que l'on se demande comment l'on vit encore. Ainsi :

— « Le lait maternel contient 14 fois plus de DDT que le lait de vache. » Diable, à quel saint (sein?) se vouer?

— « L'engrais chimique est au sol ce que les médicaments dérivés de la houille sont à l'organisme humain. » Et ces médicaments sont? La famille des sous-produits de la houille comme l'aspirine, la saccharine, et bien davantage les trop vantés antibiotiques.

Dans le désordre, au niveau des ustensiles de cuisine, sont dangereux :

— l'aluminium : s'oxyde facilement et donne un oxyde d'alumine préjudiciable à la santé : ulcérations, action sur les capillaires, globules rouges, tube digestif, sécrétions gastriques, etc.,

— papier d'aluminium : risque de provoquer les mêmes méfaits, souille, en les enveloppant de dérivés aluminiques, les aliments,

— émail et aciers émaillés : de qualité ordinaire, à éviter car, sous les chocs, des éclats peuvent sauter et sont dangereux pour l'intestin,

— certains verres pyrex : de qualité douteuse peuvent dégager des produits toxiques,

— la terre cuite : le danger réside dans les peintures et vernis contenant trop de plomb (saturnisme),
— téflon : méfions-nous, toxique,
— plastiques et autres : idem !
Il ne reste pas grand-chose pour faire cuire...

En conclusion, ne nous leurrons pas. Il est impossible de nos jours de revenir aux méthodes agricoles artisanales anciennes. Les impératifs économiques nécessitent l'utilisation d'une technologie perfectionnée. Il faut reconnaître que la technologie agricole moderne, par souci de rentabilité et de profit, a eu tendance à utiliser des procédés discutables, voire dangereux. Certains éleveurs américains ont été jusqu'à faire courir toute la journée leurs poulets sur des tapis roulants pour les muscler et développer leur chair. Il est bon que les nutritionnistes, écologistes et autres organismes de défense des consommateurs attirent l'attention des pouvoirs publics sur les risques que présentent certains produits comme le DDT ou autres pesticides, de même que l'ajout des antibiotiques à la nourriture du bétail. Cela donne naissance, progressivement, à certaines législations et réglementations jamais vraiment parfaites. Le veau et le poulet sont devenus fades et pratiquement sans goût. On est censé ne plus donner d'hormones. Le porc est encore « euphorisé » mais on nous l'a rendu plus maigre, preuve effectivement que si l'on veut, on peut.

Il est certain que si l'on réduit la consommation de protéines animales au profit des protéines végétales, notre santé n'en sera que meilleure (moins de lipides) et les éleveurs seront moins tentés de nous faire du bétail géant à coup de produits chimiques nocifs. Mais ils feront la tête !

Le débat entre produits « naturels » et produits « industrialisés » est loin d'être fini. Les seconds présentent des garanties... industrielles, et l'ombre du chimique se dessine ; les premiers ne présentent aucune garantie, sinon celle de leur bonne foi. Malheureusement, le problème des aliments dits naturels devient un problème de promotion commerciale. Là aussi des intérêts se profilent et l'on ne dit pas toujours la vérité. Le meilleur exemple est celui du fameux sucre « brun ». Ce sucre donne bonne conscience car l'on se dit que c'est un produit naturel. En fait, ce sucre d'apparence naturelle et qui coûte beaucoup plus cher que le sucre en morceaux habituel, est dans un premier temps raffiné puis ensuite coloré en brun. On est donc à mille lieues d'un produit naturel. Le problème des fruits et légumes vendus dans les boutiques de produits naturels est que ceux-ci sont d'une part beaucoup plus chers qu'ailleurs, qu'ils sont souvent plus abîmés, et que d'autre part, l'on n'a aucune certitude qu'ils présentent un avantage par rapport aux produits vendus par l'épicier du coin. Certains produits sont peut-être de qualité plus sûre, mais pas tous. Il s'agit de ne pas être dupe. Il n'y a pas de cas d'intoxication alimentaire de produits industriels. Beaucoup de gens sont morts de produits conservés « maison ». C'est en cela, et uniquement en cela, que les produits industriels sont plus sûrs que les produits naturels ou « maison ».

Quelques chiffres pour clore le débat :
— 2 hectares de terre moyenne sous climat tempéré nourrissaient 1 personne au XVIIIe siècle, 10 à 20 en 1979 ;
— au XVIIIe siècle, quand, par la force des choses, l'agriculture était naturelle, 40 millions d'hectares agricoles nourrissaient 20 millions de Français et entre 1680 et 1709, les risques de disette furent considérables ;
— en 1979, 18 millions d'hectares labourables et 14 millions d'hectares de prairies nourrissaient 53 millions de Français + l'exportation ;
— si l'on ramène les chiffres à ceux du XVIIIe siècle, le problème sera que 25 millions de Français mangeront « nature » mais que les autres ne mangeront pas du tout.

V

Les règles de la diététique
ou
comment bien manger
et maigrir sans risque

1
Quelques principes généraux

« La diététique est l'ensemble des règles d'hygiène alimentaire qui, mises en application, permettent le maintien du meilleur niveau de santé. En France, le mot diététique recouvre souvent une interprétation péjorative de maladie, ce qui est une erreur car la diététique permet la consommation de tous les aliments proposés par la nature, à condition qu'elle soit harmonieuse et équilibrée. De surcroît, la diététique, quand elle est bien comprise, n'est pas incompatible avec la gastronomie bien menée. La diététique est dite thérapeutique quand elle propose un régime alimentaire, comportant plus ou moins d'exclusions, spécifique de l'affection à soigner. » Cette définition due au Pr Creff et extraite de son excellent *Dictionnaire de la nouvelle diététique* est on ne peut plus explicite.

La diététique est « à la mode » depuis très peu de temps, cependant, n'en déplaise à ses pseudo-précurseurs, c'est une science vieille de plusieurs milliers d'années...

Hippocrate, déjà, beaucoup plus sage que ses contemporains, vantait les mérites d'une nourriture variée en qualité et en quantité.

Épicure, dont on associe le nom très souvent et à tort au terme de jouisseur, fut le premier, bien avant nos chefs inspirés de « nouvelle cuisine », à enseigner que « les mets simples procurent autant de plaisir qu'une table somptueuse ». Ne pas confondre gourmet et gourmand.

Jusqu'à l'aube du XXe siècle, on a fait et dit vraiment

n'importe quoi... Des recettes de certains chasseurs consistant à couper les parties mâles des animaux afin d'améliorer les performances sexuelles, à celles préconisant au sauteur de se nourrir exclusivement de viande de chèvre... pourquoi pas le poisson pour les nageurs, les oiseaux pour les malheureux atteints du complexe d'Icare, etc.?

De tout temps s'opposent et s'opposeront les écoles. Pythagore prônait déjà une alimentation végétarienne, voire végétalienne; s'opposant en cela à ses contemporains assimilant la force taurine à la force virile.

Claude Gallien, au IIe siècle, dénonça à nouveau les méfaits d'une alimentation trop carnée entraînant, selon lui, une fatigue prématurée et limitant les efforts d'endurance.

Puis des générations entières de médecins commencèrent de nouveau à tout mélanger. Il s'ensuivit une longue confusion et des habitudes alimentaires variant au gré des modes et des civilisations.

Fluctuations souvent très capricieuses.

La diététique doit être considérée comme un art de vivre et non comme une punition. Chacun de nous s'est posé ou se posera un jour la question : « Dois-je me mettre au régime ? » Terme sanction, punitif, synonyme de privation, repoussé le plus souvent dans l'attente de la sanction médicale. Sanction médicale qui tombera comme un couperet, quand il sera généralement trop tard...

« Tout menu est une ordonnance », a dit Jean Rostand. C'est vrai.

De même que la diététique est la plus ancienne des médecines douces.

De nos jours, les habitants des pays développés n'ignorent plus les dangers d'une alimentation déséquilibrée. De nombreux sondages effectués ces dernières années par le Comité français d'éducation pour la santé indiquent « qu'une partie importante de la population sait qu'en mangeant davantage de poisson, de pain complet ou de fruits, leur santé serait améliorée ». Les Français connaissent également les effets néfastes d'un excès de calories, de sucres, de graisses ainsi que les dangers du cholestérol... Mais, surprise (en est-ce vraiment une ?), ces sondages nous apprennent également que seul un tout petit pourcentage a décidé de changer ses habitudes alimentaires. Là aussi, il est évident que les maladies liées à l'alimentation n'arrivent qu'aux autres !... Nos « sondés » estiment hautement improbable qu'ils puissent avoir un jour une maladie cardio-vasculaire, du diabète, de l'hypertension, ou même un cancer. Personnellement, cela me réjouit car il vaut infiniment mieux être optimiste que pessimiste. Même politique de l'autruche que pour la cigarette, dont la consommation ne diminue pas de façon spectaculaire, en dépit d'innombrables campagnes d'information.

L'information dite « d'intérêt collectif », anti-cigarette, anti-alcool ou diététique, endosse souvent l'uniforme de la répression. Toutes ces campagnes tendent à échouer car elles cherchent à faire peur et à culpabiliser. Information au ton moraliste, elles se heurtent à l'imagination des campagnes faites par les industriels. Non pas que les publicitaires aient plus de talent dans un cas que dans l'autre, mais tous vous diront qu'une campagne pour un produit est toujours plus créative (et mieux payée) qu'une campagne d'intérêt collectif.

99 pour 100 des publicités alimentaires que l'on peut voir à la télévision vantent les qualités des sucres, graisses et sel (le 1 pour 100 restant est pour l'eau purificatrice). Les messages sont courts, amusants, modernes, branchés, faciles à comprendre pour un public jeune et même très jeune. C'est ainsi que toute une génération d'après-guerre est élevée avec du sucre. Il suffit de regarder les caddies de nos congénères dans les supermarchés pour comprendre le formidable impact de la publicité.

Heureusement, de plus en plus de médias parlent de diététique et dénoncent les méfaits d'une alimentation trop carnée, trop sucrée, trop alcoolisée. On assiste à la naissance d'un nouveau créneau... le « magasin diététique ». Le chiffre d'affaires global des produits diététiques fut en 1983 de 660 millions de francs. En 1980, la France était le 3ᵉ consommateur européen de produits diététiques. Aux États-Unis, ces vingt dernières années, les magasins diététiques se sont considérablement développés. Leur nombre s'est multiplié par 5 en 10 ans, en passant de 1 200 en 1958 à 6 000 en 1978, égal à 1 pour 100 du chiffre d'affaires global de l'alimentation aux États-Unis.

La clientèle change également, autrefois composée de petits vieux souffreteux, aujourd'hui bien davantage de jeunes informés. La France est en train de regarder dans son assiette et le chiffre d'affaires de la diététique a triplé en 6 ans.

Cela dit, sans pour autant acheter ses choux biologiques dans la Creuse ou faire ses courses systématiquement dans les magasins diététiques, on peut s'alimenter sainement dans les magasins habituels. Il suffit de s'éduquer pour savoir choisir.

2
La diététique au quotidien : une alimentation saine

Malheureusement, comme toujours en diététique, il va maintenant nous falloir raisonner sur des chiffres. On peut parfaitement passer directement à la deuxième partie du chapitre et appliquer un peu bêtement les règles. Ce n'est pas, à mon avis, la bonne solution. On ne fait bien que ce que l'on a compris et l'application de règles types conduit aux idées reçues... et aux erreurs. Sur les 75 000 repas que l'on fait en moyenne dans une vie, j'imagine qu'un certain nombre ont été mal équilibrés, il n'est (peut-être) pas encore trop tard pour rectifier le tir.

LES DONNÉES INDIGESTES, OU COMMENT BIEN SE NOURRIR... EN THÉORIE

Un adulte normal et sédentaire devrait consommer chaque jour :
— 10 à 20 pour 100 de sa ration alimentaire globale sous forme de protéines, issues pour moitié de protides animaux et pour moitié de protides végétaux. Cela représente à peu près 1 à 2 grammes par jour et par kilo de poids corporel.
— 20 à 25 pour 100 de la ration globale sous forme de lipides, moitié animaux, moitié végétaux, cela fait un peu moins de 1 gramme par jour et par kilo de poids corporel.
— 55 à 65 pour 100 de la ration calorique globale sous forme de glucides y compris les calories alcooliques et sans

que les sucres raffinés excèdent le 1/10 du total glucidique. Cela représente 5 à 7 grammes par kilo et par jour.

Où trouve-t-on les protéines ?
Essentiellement :
— dans le groupe 1 : lait et produits laitiers,
— dans le groupe 2 : viande, œuf, poisson,
et à un moindre degré dans le groupe 4 : céréales et produits sucrés.

Où trouve-t-on les lipides ?
Essentiellement :
— dans le groupe 3 : les corps gras
mais aussi :
— dans le groupe 1 : lait et produits laitiers,
— dans le groupe 2 : viande, œuf, poisson,
— et dans les biscuits et autres biscottes du groupe 4.

Où trouve-t-on les glucides ?
Bien sûr dans le groupe 4 : céréales et produits sucrés,
mais aussi dans le groupe 5 : légumes et fruits crus et cuits,
et surtout dans les boissons autres que l'eau et les infusions.

Ces intrications complexes mettent en évidence le mal dont nous souffrons :
TROP DE SUCRE, TROP DE GRAISSES
Mais, circonstance atténuante (morale à défaut de physique), ces sucres et ces graisses SONT CACHÉS.

RATION ÉNERGÉTIQUE MOYENNE
(Suivant l'âge et le sexe)

		Calories par jour
Enfant	1 à 3 ans	1 360
	4 à 6 ans	1 830
	6 à 9 ans	2 190
Fille	10 à 12 ans	2 350
Garçon	10 à 12 ans	2 600
Adolescente	13 à 19 ans	2 400
Adolescent	13 à 19 ans	3 000
Adulte activité normale		
Femme		2 000
Homme		2 700

Mais 2 000 calories de chocolat ne sont pas équivalentes à 2 000 calories de poisson...

Les explications suivantes ne sont pas destinées aux scientifiques, elles sont succinctes, elles visent malgré leurs imperfections à faire comprendre les mécanismes de la diététique alimentaire et le fait que l'on grossisse ou maigrisse par les aliments. Elles montrent que, quels que soient les régimes, les lois diététiques sont les mêmes pour toutes les populations.

Premier point

1 gramme de glucide : 4 calories,
1 gramme de protide : 4 calories,
1 gramme de lipide : 9 calories,
1 gramme d'alcool : 7 calories,
1 gramme de tissus adipeux (graisse) : 8 calories.

Deuxième point

1 kilo de poids supplémentaire sur la balance se traduit par 1 kilo de tissu adipeux supplémentaire, c'est-à-dire 8 000 calories.
— pour le faire rentrer, il « suffit » de 1 000 calories mangées en plus chaque jour, pendant 8 jours,
— pour le perdre, il « suffit » de 20 kilomètres de marche à pied chaque jour, pendant 8 jours.

Troisième point

Quand vous mangez 100 calories de graisse, 100 calories de sucre, vous utilisez 2,5 calories pour les métaboliser, c'est-à-dire les dégrader, les stocker. Restent 97,5 calories.

Quand vous mangez 100 calories de protéines, vous en utilisez 30 pour 100 pour leur métabolisme. Restent 70 calories.

Quatrième point

Il existe 2 catégories de calories :
— les calories énergétiques qui sont le carburant de l'organisme. Calories destinées à faire fonctionner le métabolisme de base, énergie nécessaire à faire fonctionner la vie des cellules : battements cardiaques, mouvements respiratoires, tonus musculaire, fonctionnement digestif. Ces calories énergétiques sont produites essentiellement par les glucides et les lipides. Outre la satisfaction des besoins de base, un organisme normal dans des conditions de vie quotidienne dépense davantage par le jeu de la thermorégulation, par les mouvements, etc., et a donc besoin d'une certaine quantité de carburant ;
— les calories plastiques n'entrent pas dans le bilan énergétique, leur rôle est l'entretien et la fabrication des tissus. Ces calories plastiques sont produites par les protéines, l'eau, les sels minéraux et les vitamines.

Cinquième point

Si vous mangez chaque jour le carburant que vous allez dépenser, bilan nul, vous ne grossirez ni ne maigrirez.

Si vous mangez chaque jour plus de carburant que vous n'allez en dépenser, vous allez stocker. Puisque vous allez stocker, vous allez prendre du poids, donc grossir. Quand vous grossissez, cela se traduit visuellement par un supplément de graisse. Cette graisse n'est rien d'autre que des calories énergétiques de réserve.

Si vous mangez chaque jour moins de carburant que ce dont vous avez besoin, votre organisme qui a certains besoins à assurer sera dans l'obligation de trouver de l'énergie, il trouvera cette énergie là où elle est, c'est-à-dire dans les stocks, c'est-à-dire dans les graisses de réserve. Vos stocks diminuant, visuellement vous aurez moins de graisse, et sur la balance moins de poids.

Rappel
1 gramme de tissu adipeux (graisse) = 8 calories énergétiques
10 kilos de trop = 80 000 calories énergétiques d'avance...

LA PRATIQUE

Il faut puiser dans chaque groupe alimentaire selon la règle G.P.L. = 421, de Creff ; c'est-à-dire :
— 4 portions de glucides
— 2 portions de protides
— 1 portion de lipides.

Ce qui signifie en clair :
4 portions de glucides : — pain
                        — 1 plat de féculent
                        — 1 crudité (légumes ou fruits)
                        — 1 cuidité (légumes ou fruits)
2 portions de protides : — 1 plat de viande, œuf, poisson
                        ou équivalent
                        — 1 complément protidique
                        (fromage, entremets)
1 portion lipidique :   — 1/2 d'origine animale (beurre,
                        crème)
                        — 1/2 d'origine végétale (huile,
                        margarine)
Sans oublier de boire pour assurer une élimination d'1,5 litre par jour.

Les conditions de vie actuelle étant ce qu'elles sont, il est illusoire de chercher à équilibrer chaque repas, ce n'est d'ailleurs pas important, l'essentiel résidant dans un équilibre hebdomadaire. Le plus généralement, les déjeuners sont pris à l'extérieur et relativement peu modulables (et encore !), par contre, il est très facile de maîtriser le petit déjeuner et le dîner.

Le petit déjeuner : il ne devrait plus être escamoté comme c'est trop souvent le cas ; véritable repas pris à table, il doit satisfaire au quart de la ration quotidienne, il survient après une période de jeûne (la nuit), et doit préparer à la reprise de l'activité (avec souvent un surcroît d'efforts physiques dans les déplacements).
Pour rester conforme à la tradition française :
— café ou thé additionné ou non de lait demi-écrémé,
— pain avec beurre,
— jus d'1 fruit,
    et :
— fromage + compote,
— *ou* confiture + œuf,
— *ou* jambon + yaourt.

Le déjeuner sera ce qu'il est...
Si l'on a une possibilité de choix, on puisera dans les différents groupes alimentaires sans déséquilibrer :
— 1 crudité,
— 1 plat protidique (viande, œuf, poisson, etc.),
— 1 féculent *ou* 1 légume cuit,
— 1 fromage,
    et :
— 1 fruit si l'on n'a pas pris de crudité,
— *ou* 1 compote si l'on a pris un féculent,
— *ou* 1 entremets si l'on a mangé peu de protéines.

Le goûter, réservé à la période de croissance ou aux travailleurs de force sera beaucoup mieux équilibré avec pain, fromage et yaourt ou fruit qu'avec les biscuits.

Le dîner sera semblable dans ses principes, mais compensera les erreurs du déjeuner :

— crudités si l'on n'en a pas pris à midi,
— cuidité si féculent le midi, et inversement,
— viande si œuf ou poisson à midi, et inversement,
— entremets si peu de protéines,
— compote si fruits crus ou crudités.

Et surtout, surtout, surtout sachons rester logique sur la semaine sans vouloir appliquer ces règles à chaque repas, sans devenir un maniaque de l'équilibre alimentaire à tout prix.

Ce régime vous permettra de vous maintenir au point de vue poids, il vous permettra surtout de ne pas prêter le flanc aux maladies dégénératives. Se peser chaque semaine permettra « d'équilibrer les différents postes ». On ne grossit pas de 10 kilos, on grossit de 300 g, puis de 500 g, puis de 800 g, et il est toujours temps d'agir avant qu'il ne soit trop tard.

3
La diététique thérapeutique : le régime

La prescription d'un régime n'est jamais une chose facile, c'est de toutes les prescriptions médicales la moins standardisée. « Faire un régime » impose au patient une modification de ses habitudes alimentaires, habitudes ancrées depuis des années pour ne pas dire des générations. L'adhésion doit être d'autant plus totale que la perception de la transformation est floue. Vouloir perdre 5 kilos pour se montrer en maillot de bain est peut-être une politesse vis-à-vis des autres mais n'est en aucun cas une motivation suffisante pour changer ses habitudes, et se mettre au régime ne sert à rien si l'on ne modifie pas ses habitudes. Aux mêmes causes correspondent les mêmes effets, qui a été gros le redeviendra, c'est notre programmation génétique qui est ainsi faite et l'on ne peut pas y remédier.

Les médecins nutritionnistes ne sont pas de grands sorciers, ils peuvent vous stimuler, ils doivent vous expliquer, ils ne peuvent pas se mettre au régime à votre place. La consultation de diététique doit être particulièrement longue. Le médecin, outre un examen complet de son patient, doit être disponible et savoir écouter, on n'est pas toujours gros par hasard... Le patient doit être franc, personne ne le force à consulter, une relation de confiance et d'honnêteté doit s'instaurer. On peut tricher avec son esprit, on peut tricher avec les autres, on ne peut pas tricher avec la caisse enregistreuse de calories de son organisme, autant le savoir avant d'aller consulter. Nous ne sommes pas des censeurs, notre rôle est d'expliquer et de faire comprendre, pas de punir. Ne vous culpabilisez pas pour cet excellent repas que vous avez fait, notre travail est de vous donner des trucs pour compenser, pas de vous châtier. Il vaut mieux perdre 1 kilo par mois à son rythme et tranquillement plutôt que d'en perdre 8 pour les reprendre ensuite. Un bon régime doit interdire peu de chose et en autoriser beaucoup, il doit toujours être personnalisé. Plus nous serons coercitif, moins vous participerez. Vous devez apprendre pour comprendre et comprendre pour appliquer, alors seulement vous saurez et transmettrez.

L'organisme marche à la façon d'une caisse enregistreuse comptabilisant tout, 24 heures sur 24, prenant en compte l'anniversaire du petit dernier comme la fête de la grand-mère. A partir de là, le régime amaigrissant logique visera à diminuer les calories énergétiques (qui font grossir) au profit des calories plastiques (qui ne font pas grossir). Le but est donc de supprimer (en fait de diminuer) les graisses et les sucres afin que votre organisme puise dans ses réserves.

Attention cependant, un régime, quel qu'il soit, dépend de ce que vous êtes sur le plan biologique. Le régime standard distribué sur feuille ronéotypée n'existe pas. Il va sans dire que vous êtes un individu sain, l'anormal, c'est toujours l'autre.

S'il n'existe pas de régime amaigrissant standard, il existe quand même une ébauche de régime logique que nous allons voir :

Petit déjeuner
— Café ou thé sans sucre (ou avec un édulcorant de synthèse), lait écrémé si l'on veut.
— 1 tranche de jambon,
— et/ou 1 œuf,
— et/ou fromage blanc ou yaourt 0 pour 100 nature.

Déjeuner
— Crustacés et fruits de mer.

— Crudités : carottes, céleri, betteraves, fenouil, choux, tomates, asperges, artichauts, soja, salades, etc.

— Viandes : cheval, veau, bœuf, agneau, mouton et porc dégraissés.

— Volailles : poulet, pintade, dinde et dindonneau, caille, coquelet, poule, pigeon, lapin, etc. mais ni oie, ni canard d'élevage.

— Gibiers : tous autorisés, y compris le canard sauvage.

— Abats : tous autorisés.

— Poissons : tous autorisés, sauf l'anguille, la lamproie, la murène et, bien sûr, les conserves à l'huile.

— 2 tranches de jambon.

— 2 œufs.

— Légumes : *idem* aux crudités, et navets, courgettes, aubergines, épinards, brocolis, haricots verts, etc. en pensant aux surgelés.

— Salades.

— Fromage blanc ou yaourt 0 pour 100 nature.

— 1 fruit.

Dîner
Même choix que le déjeuner.

Boire au minimum 1 litre et demi d'eau par jour.

Se peser 1 fois par semaine sur la même balance et dans les mêmes conditions.

Écrire sur un carnet la totalité de ce que l'on mange et boit chaque jour.

Aliments interdits
— Pains (au pluriel), biscottes, gressins, galettes, farines, boulangerie en général, céréales.

— Charcuteries (sauf jambon).

— Beurre (normal et allégé), margarines, huiles, corps gras en général.

— Pommes de terre, pâtes, riz, lentilles, petits pois, haricots blancs, féculents en général.

— Fromages, et surtout les pâtes cuites (emmental, gruyère, comté, gouda, chester, cantal, etc.).

— Fruits secs, au sirop, confits, bananes, attention aux quantités pour raisins, fraises, cerises, etc.
— Gâteaux sucrés et salés.
— Bonbons, chocolats, confiserie, sucres et sucreries.
— Alcools (vin, bière, cidre, champagne, etc.).
— Coca-Cola, limonades, boissons sucrées, jus de fruits (sauf jus de tomate).

Ceci est un cadre absolu et idéal. Le mieux vous le suivrez le plus vous maigrirez, et inversement. Vous pouvez duper votre médecin ou votre entourage, vous n'abuserez pas la caisse enregistreuse qu'est votre organisme. Cependant, il faut savoir lire entre les lignes.

Surtout, ne pesez aucun aliment, ils sont autorisés jusqu'à plus faim. Manger est un plaisir des sens, toute idée de restriction implique une frustration, plus l'on sera coercitif, moins vous suivrez correctement un régime, moins vous ferez l'effort de modifier votre façon de vous nourrir dans le temps.

Ce régime implique 3 repas, c'est un minimum. Plus vous mangerez souvent, plus vous maigrirez ; moins vous mangerez souvent, plus vous stockerez... et plus il sera difficile de perdre.

Cette liste est une liste d'aliments autorisés. Ils le sont à n'importe quelle heure du jour ou de la nuit et dans n'importe quel sens. Si vous avez faim à 17 heures, mangez n'importe quoi de ce qui est autorisé. Si l'idée d'une tranche de jambon au petit déjeuner vous révulse, sachez que plus de la moitié de la population du globe déjeune le matin, et que 3 repas par jour n'impliquent pas forcément une tranche de jambon au réveil. Vous pouvez prendre un café comme d'habitude et un yaourt à 10 heures.

Rappelez-vous que le meilleur des coupe-faim est de manger. Vous n'êtes pas gros parce que vous mangez trop, vous êtes gros parce que vous mangez mal. Si vous ne deviez garder qu'une idée de ce livre, gardez celle-ci.

Soyez imaginatif. On peut manger triste, on peut aussi manger gai. Un œuf dur peut être triste, un œuf cocotte au micro-onde se fait en 1 minute sans graisse. Un fromage blanc 0 pour 100 peut être triste, le même assaisonné avec des fines herbes, de l'extrait de vanille ou du cacao (vous avez bien lu… pas du chocolat en poudre… et 2 cuillères à café seulement), prend un goût différent. Une pomme peut être triste ; cuite au four, flambée au calvados (le sucre et l'alcool sont alors détruits) et sucrée avec un édulcorant de synthèse, elle devient différente. La mayonnaise est interdite, c'est vrai. La mayonnaise, c'est de l'huile, de l'œuf et de la moutarde. Remplacez donc l'huile habituelle par de l'huile de paraffine…

Aimez-vous le sucre ou le goût du sucre ? Les édulcorants de synthèse peuvent toujours remplacer le sucre, ils existent en morceaux ou en poudre. Ils ne tiennent pas à la cuisson mais vous pouvez toujours sucrer après. On a accusé ces édulcorants d'être cancérigènes. C'est peut-être vrai pour la saccharine à condition d'en absorber des doses d'environ 40 kilos par jour, c'est faux avec l'aspartam.

Buvez, éliminez. Il faut boire au minimum 1,5 litre d'eau par jour y compris les cafés, thés et autres tisanes ou bouillons.

Utilisez les condiments et les fines herbes. Ce n'est ni meilleur, ni moins bon que le beurre, c'est différent.

Pensez aux surgelés. Ils vous permettront de faire n'importe quoi, n'importe quand. Ils présentent toutes les garanties de fraîcheur et de sécurité.

Faites vos courses le ventre plein. On est alors beaucoup moins tenté d'acheter ces petites choses qui toutes (ou presque) font grossir.

Ayez toujours un réfrigérateur plein, car si vous avez

une petite faim, vous sauterez sur l'en-cas déjà prêt. Sinon à nous les chocolats et autres biscuits !

Rappelez-vous surtout que si vous êtes motivé et logique vous maigrirez. Les lois de la diététique sont là, les miracles et les faiseurs de miracles n'existent pas. Le nouveau régime du Dr X ou de l'actrice Y dont on vous parlera bientôt ne sont guère mieux que les autres.

POURQUOI DES INTERDITS ?

Les pains, biscottes... Nous avons dit précédemment que le pain est un excellent aliment, c'est vrai, mais pas dans le cadre d'un régime amaigrissant. Ne confondons pas alimentation normale de l'individu sain avec diététique médicale de l'individu « malade ». La farine, c'est du sucre et nous cherchons à supprimer ces damnés sucres. Une erreur fréquente des régimes est de remplacer le pain par des biscottes. 100 grammes de pain représentent 70 grammes de farine et 30 grammes d'eau. 100 grammes de biscottes représentent 100 grammes de farine (sans parler des matières grasses)... l'eau n'a jamais fait grossir, donc il vaut encore mieux manger du pain que des biscottes. Mais quand vous voyez une boulangerie, changez de trottoir.

Les charcuteries sont riches en lipides, comme le beurre, la margarine, l'huile et les fromages. Une erreur fréquente lors des régimes « sauvages » consiste à manger le midi un petit morceau de gruyère. C'est le fromage qui fait le plus grossir. Si son taux de matières grasses est de 45 pour 100, c'est-à-dire le même que celui du camembert, ce taux est mesuré sur un « poids sec » et non sur un « poids humide » (c'est un peu la même chose que les biscottes et le pain). Par ailleurs, la ration normale de camembert est d'environ 25 grammes alors que la ration normale en gruyère est d'environ 60 grammes.

Les pommes de terre, pâtes, riz, lentilles, pois, semoule et féculents en général sont riches en sucre et font emmagasiner les calories énergétiques que l'on essaye désespérément de perdre.

Le fructose ou sucre de fruit est un sucre comme les autres au niveau de votre bilan calorique, attention donc à ces innocents fruits. Combien de fois ai-je entendu des patients me dire qu'ils n'arrivaient pas à maigrir alors qu'ils ne mangeaient pratiquement que des fruits...

Nous ne ferons aucun commentaire sur la suite des interdits, ils découlent de la logique. Attention quand même à l'erreur jus de fruits, là encore ils sont à prendre en compte dans le total.

4

Les questions du patient

« PENSEZ-VOUS QUE JE POURRAI MAIGRIR, DOCTEUR? »

Tout dépend en fait des causes du surpoids.

Si l'hyperphagie (action de trop manger) est manifeste et due à des erreurs alimentaires importantes, la perte de poids sera d'autant plus facile.

Tout dépend de la motivation du patient : si celle-ci est d'ordre médical (complications cardio-vasculaires, articulaires...) cela sera généralement facteur de réussite pour la poursuite d'un régime. Personne ne veut jouer avec sa santé une fois que la sonnette d'alarme est tirée par un médecin.

En revanche, les motivations impulsives et surtout sentimentales ne sont pas à la longue très solides.

Par ailleurs la crainte de l'amaigrissement (formulée à l'avance) est également un facteur de pronostic médiocre.

Le contexte psychologique est primordial : les obésités dites structurées, où l'obésité fait partie d'un système d'existence, sont des pronostics plus médiocres encore. Seule la persévérance du patient pourra être un gage de réussite. (L'abandon d'un ou plusieurs régimes antérieurs est, a priori, défavorable.)

Dans les surpoids dits hyperplasiques, dont le début date de l'enfance, le pronostic diététique est réservé.

« J'AI LU QU'IL Y AVAIT UN NOUVEAU MÉDICAMENT »

Il n'existe pas actuellement de médicament qui fasse maigrir. Les thérapeutiques proposées pour maigrir (diurétiques, extraits thyroïdiens, coupe-faim, anorexigènes) n'ont aucune action sur la surcharge adipeuse. Quant à leurs effets secondaires, ils sont dangereux, comme nous l'avons déjà vu.

« UN RÉGIME ? MAIS JE NE MANGE RIEN ! »

Quand il n'existe pas d'hyperphagie proprement dite, ce qui est souvent le cas, particulièrement chez la femme, des erreurs qualitatives sont fréquentes, qu'il faut soigneusement rechercher par le détail de l'histoire alimentaire, en insistant sur les régimes très « positifs » où les prescriptions l'emportent sur les interdictions. Ainsi, une répartition harmonieuse et équilibrée de la ration, des repas plus nombreux et réguliers seront associés à une psychothérapie, généralement positive.

« J'AI DÉJÀ FAIT UN RÉGIME ! JE NE LE SUPPORTE PAS »

Le régime était préalablement mal adapté, trop restrictif, donnant naissance à de l'asthénie et de l'irritabilité. De toutes les façons, la bonne indication sera un régime plus large et longtemps poursuivi mais, auparavant, il faudra « sonder » la motivation réelle.

« FAUDRA-T-IL COMPTER LES CALORIES ? »

Certes non ! Sauf au début pour acquérir le coup d'œil nécessaire à l'évaluation des portions à prévoir. C'est surtout un nouvel équilibre diététique qui est à envisager, avec une échelle de valeurs proposée par le médecin. Par exemple : 1 litre de bière = 120 g de charcuterie ou de pâtisserie = 2,8 kg de haricots verts.

« DANS MON MÉTIER, CE N'EST PAS POSSIBLE »

Faux. L'homme ou la femme d'affaires déjeunant au restaurant dispose d'un large choix. Il peut facilement suivre des idées diététiques simples. Ne serait-ce que, par exemple, en supprimant ou restreignant l'alcool, en limitant le pain, en ne consommant pas la sauce et en évitant les pâtisseries. Quant au sandwich, il peut être remplacé par un œuf dur, viande froide, yaourt sans sucre, fruit.

« FAUDRA-T-IL FAIRE UN RÉGIME TOUTE MA VIE ? »

La question ne devrait plus se poser dès lors que le patient aura appris à s'alimenter, à rééduquer sa façon de se nourrir. « L'obèse guéri est celui qui a réussi à transformer en automatismes les efforts volontaires de régime du début » (Klotz).

Cela dit, il est certain que les orgies de pâtisseries ne seront jamais conseillées ; lorsque le poids souhaitable sera atteint, on peut bien sûr envisager un élargissement progressif du régime. Il y a les interdits interdits et les interdits autorisés. Par paliers progressifs on pourra envisager de consommer les seconds.

« JE VOUDRAIS ÊTRE HOSPITALISÉ »

Uniquement si des problèmes de santé nécessitent une réduction pondérale rapide et à ce titre justifient une prise en charge hospitalière.

Notre rôle, à nous médecins, dans le traitement du surpoids, est de modifier le comportement alimentaire.

Mais bien sûr, se pose la question suivante : la réduction pondérale est-elle toujours indiquée ?

— Dans les cas d'obésités compliquées et accompagnées d'un facteur de risque, oui.

— Contre-indiquée s'il existe des antécédents dépressifs (en raison du risque de décompensation psychologique) ou en l'absence de motivation réelle du patient.

5
Sport et régime amaigrissant

L'éternel débat, « le sport fait-il maigrir ou non », semble enfin s'achever grâce aux travaux de Creff et de ses collaborateurs.

Nous savions déjà que le sport modifiait l'appréciation du schéma corporel, c'est-à-dire de l'idée que nous nous faisons de notre propre corps. Il est évidemment plus agréable de se trouver un corps attrayant plutôt qu'un corps mou.

Mais nous ne savions pas par quels mécanismes le sport pouvait ou non faire maigrir.

L'alimentation fournit à l'organisme l'énergie nécessaire à son fonctionnement.

Les dépenses de fonctionnement sont :
— le métabolisme de base pour les fonctions de survie ;
— la dégradation des aliments par la digestion ;
— la régulation de la température interne pour l'adaptation au milieu extérieur ;
— l'activité physique normale.

Pour satisfaire à l'ensemble de ces besoins, il nous faut 36 calories par kilo de poids corporel et par jour chez le sujet normal, 24 calories par kilo et par jour chez l'obèse. Mais, l'organisme s'adapte, et chez l'obèse, au bout d'un certain temps, les besoins tombent à 18,5 calories kilo/jour expliquant l'arrêt de la perte de poids et les rechutes.

Creff a démontré que l'intérêt du sport résidait dans :
— Une augmentation de la masse musculaire, augmentation qui accroît les dépenses caloriques lors des mouvements. En effet, chez 2 sujets de même poids, le sujet le plus musclé dépensera davantage de calories pour un même mouvement.
— Une augmentation de la sécrétion des hormones lipolytiques, c'est-à-dire des hormones qui détruisent les graisses.
— Une diminution de la sécrétion d'insuline, hormone qui, à l'inverse, favorise la constitution des graisses.
— Un taux élevé d'HDL cholestérol, c'est-à-dire de bon cholestérol chez les sportifs, taux en rapport direct avec l'intensité des exercices.
— Une diminution des graisses situées face aux muscles qui travaillent.

Il semble que l'organisme utilise lors de la pratique du sport plutôt ses considérables réserves de graisses que le glycogène issu des sucres.

Au total donc, si le sport aide incontestablement à la perte de poids, il doit être pratiqué correctement et ne doit jamais devenir rébarbatif. Sport avec le plus grand profit si vous aimez, rien plutôt que mal si vous n'aimez pas.

L'intérêt énorme du sport, outre l'oxygénation qu'il suppose, est qu'il change l'apparence esthétique du corps ; le volume et le poids sont deux choses bien différentes. On pourra paraître plus mince, tout en pesant le même poids. Il ne faut pas oublier qu'1 kilo de muscles (ou de viande) et 1 kilo de graisse ne représentent pas le même volume. Vérifiez chez votre boucher.

Ce qui compte, c'est l'image de votre corps : si vous remplacez les kilos de graisse du corps (plus légers mais plus volumineux à poids égal) par des kilos de muscles, vous pèserez peut-être la même chose mais paraîtrez plus mince. C'est ce qui compte et non pas les normes des compagnies d'assurances.

L'exercice est particulièrement indiqué pour les femmes au poids accordéon, ou yoyo, qui ont maigri puis repris du poids plusieurs fois. Comme leur métabolisme s'est ajusté chaque fois un peu plus bas, elles sont arrivées à un stade où, malheureusement déjà à 1 200 calories, elles commencent à reprendre du poids. Dans ce cas, il est impossible de baisser encore leur ration calorique. Le seul moyen de leur faire retrouver un métabolisme normal sera de les faire bouger. Cela dit, il ne faut pas pratiquer n'importe quel exercice.

La *natation* est le sport roi pour résoudre le problème des localisations de graisse chez la femme. La circulation est améliorée et on obtient une perte du volume, surtout au niveau du bassin, des cuisses et des jambes. C'est un peu comme si l'eau massait le corps, les cuisses en particulier, ce qui, également en cas de cellulite, est excellent.

Dans l'absolu, pour avoir un résultat, il faut pratiquer pendant deux mois un exercice physique spécial, en aérobie prolongée, c'est-à-dire en augmentant votre consommation d'oxygène grâce à un exercice physique effectué à un rythme accéléré... mais pas trop accéléré non plus. Car au-delà, c'est-à-dire au stade de l'essoufflement, l'oxygène ne parvient plus jusqu'au muscle, qui fabrique de l'acide lactique et travaille en acidose. Le fameux *aérobic* justement a un rythme trop rapide et n'est pas très bénéfique.

L'exercice agit en augmentant le cycle de combustion des acides gras et, avec l'entraînement, les adipocytes (les cellules graisseuses) larguent plus vite leur contenu.

Les sports très rapides et très violents comme par exemple le *sprint* ou le *lever de poids* se font en anaérobie : le muscle en travaillant prend son énergie sans oxygène, à l'intérieur des réactions cellulaires.

Tandis qu'en aérobie, le muscle puise son énergie dans les sucres et les acides gras, en les oxydant avec de l'oxygène. Mais cela seulement à partir d'une certaine fréquence et intensité cardiaque.

En effet, le muscle ne commence à consommer des acides gras qu'après avoir fonctionné au minimum dix minutes, à un rythme cardiaque égal à 80 pour 100 de 220 moins l'âge (le vôtre). C'est-à-dire que si vous avez 35 ans par exemple, votre cœur devra battre à 80 pour 100 de 220 moins 35 = 185, soit 143 pulsations.

Ce calcul est approximatif car la fréquence cardiaque varie pour chaque individu. Ce qui compte c'est de pratiquer l'exercice à son rythme, de façon intense mais toujours confortable. Il est important par exemple de pouvoir continuer à parler tout en courant.

Si ce n'est pas le cas, si vous êtes trop essoufflé, c'est que votre cœur bat trop vite, vous n'êtes donc pas en aérobie, et le muscle travaille en acidose. Le tout est d'avoir des pulsations à la fréquence suffisante. Pour à peu près tout le monde, le cœur doit battre aux alentours de 140. Il faut trouver un équilibre et pratiquer ce sport pendant au minimum 25 minutes, de façon continue et régulière, sans repos, ni accélération.

Les sports de combat lents ou les techniques relaxantes n'ont aucune incidence sur la perte de poids. De même que les sports trop rapides comme l'*aérobic* (qui une fois encore n'a rien à voir avec l'aérobie).

QUELS SONT LES MEILLEURS EXERCICES ?

La *natation* donc en piscine sans interruption, mais aussi la gymnastique rapide. Le *vélo* à la campagne sur terrain plat ou bien le vélo d'appartement (avec fenêtre ouverte si possible). L'*aviron*, sport très complet, et l'aquagym bénéfique pour le massage sous l'eau en plus du travail musculaire.

Cela dit, c'est très bien de bouger et de faire du sport, mais il ne faut pas en faire n'importe comment. L'idéal est d'en pratiquer 3 fois par semaine pendant 3/4 d'heure avec un pouls entre 130 et 150 pulsations/minute, en respectant son confort respiratoire. Il ne faut pas être essoufflé. Il faut toujours commencer tout doucement, en s'échauffant 3 minutes au début de l'exercice, ralentir dès les premiers signes d'essoufflement mais ne pas s'arrêter : continuer l'exercice très doucement, comme ces coureurs que l'on voit piétiner sur place. Et il faut terminer doucement également, en ralentissant progressivement.

Combien de calories dépensez-vous selon chaque sport
et en fonction de votre entraînement ?

En 30 minutes	Débutant (calme)	Habitué (plus rapide)
Le sommeil *(pour comparer)*	60	60
Marche 3 km/heure	90	100
Vélo promenade	110	130
Stretch	110	160
Danse de salon douce	115	150
Musculation sans accessoires	120	170
Gym normale en musique	160	200
Musculation avec accessoires	160	210
Marche rapide 6 km/heure	200	230
Vélo sportif	215	300
Jogging petites foulées 5 km/heure	225	275
Tennis	220	300
Squash	230	300
Natation (brasse)	240	450
Escalade	250	350
Danse classique	255	340
Gym aérobic	260	360
Danse moderne	290	360
Danse jazz-disco	300	375
Jogging grandes foulées 9 km/heure	300	350
Natation (crawl)	500	600
Escalier (montée)	550	650

UN SPORT UN PEU PARTICULIER !

A propos de sport, il en est un que l'on pourrait, n'en déplaise aux romantiques et pudibonds, baptiser l'aérobic conjugal (ou pas) qui muscle les fesses et les cuisses et n'est absolument pas contre-indiqué en cas de pratique sportive (autre).
C'est ce que disent des personnes hautement qualifiées ayant
étudié le sujet de près (tout contre, comme disait Guitry).

Si vous désirez maigrir, apprenez ce que vous dépense-
rez comme calories en pratiquant avec régularité les activités ci-dessous :

Faire l'amour vous fera brûler entre 200 et 500 calories. (A titre de comparaison, une nuit de sommeil = 600 calories, de même qu'1 heure de tennis, en simple, si vous courez sur toutes les balles.)

Étreinte du partenaire	5	calories
Petit baiser (bisou)	3	"
Baiser passionné	11	"
Trac devant la porte de la chambre à coucher	19	"
Déshabillage du partenaire en été	7	"
Déshabillage du partenaire en hiver	14	"
Petits ébats amoureux	13	"
Rires étouffés	4	"
Rires excités	6	"
Soupirs	5	"
Préparation anarchique	17	"
Préparation méthodique	32	"
Relations intimes ordinaires	43	"
Relations intimes extraordinaires	135	"
Ultime gémissement réel	70	"
Ultime gémissement simulé	119	"
Petit brin de toilette	12	"
Remise en place du lit	15	"
Ronflement bruyant	2	"

Il y a un certain nombre de conclusions à tirer de toutes ces informations mais nous vous laisserons le soin de le faire, car l'affaire est très personnelle, n'est-ce pas ? A titre d'information, apprenez néanmoins qu'une très sérieuse étude japonaise nous a livré la révélation suivante : la grande majorité des infarctus survenant au cours des ébats amoureux se produit au cours de câlins extra-conjugaux. Encore une fois je vous laisse conclure. Que les cardiaques se rassurent : tous les spécialistes sont maintenant d'accord pour affirmer que l'activité sexuelle n'est pas le moins du monde contre-indiquée pour eux. A condition bien sûr de ne pas trop faire de folies. Elle est bénéfique pour son action antistress.

Quant au surpoids, elle est également bénéfique pour les calories que vous brûlez (toujours ça de pris !), et pour le fait qu'elle nous incite à aimer notre corps, à le prendre en considération, à vouloir le faire beau (pour soi et pour autrui), et sert de motivation pour maigrir. Je veux plaire, donc je veux maigrir.

Un diététicien américain, le Dr Friedman, prescrit une activité sexuelle régulière pour perdre du poids. Il affirme que l'on peut perdre jusqu'à 2 kilos par mois, en faisant l'amour au moins 3 fois par semaine. Son principe est que beaucoup de gens trop gros souffrent de frustrations et de problèmes sexuels; ils font donc de la nourriture une compensation, un palliatif à l'amour. Par ailleurs, pendant l'acte d'amour, les pulsations sont doublées, de nombreux muscles travaillent et se contractent. Alors vite l'aérobic conjugal (ou extra-conjugal!).

6
La diététique au restaurant

« Mais docteur, à midi, je suis tenu de déjeuner au restaurant…! » Être au régime pour quelque temps n'est pas une raison pour refuser les déjeuners et les dîners au restaurant. Il existe de nombreux restaurants qui allient gastronomie et minceur. Les restaurateurs sont trop soucieux de garder leur clientèle pour ne pas penser à faire de la cuisine minceur.

Les premiers à en avoir eu la géniale idée furent les précurseurs de la nouvelle cuisine, tant décriée au début et à tort bien sûr par les amateurs de gras. Le seul inconvénient de ces restaurants, c'est qu'ils sont généralement chers et donc abordables surtout sur fond de notes de frais, type déjeuner d'affaires, mais vous pouvez leur faire confiance pour offrir toute une gamme de plats savoureux et légers en calories.

Le consommé de homard en gelée, la mousse de gibier, la salade de coquilles Saint-Jacques bretonnes, les escalopes de ris de veau tièdes en salade, le cervelas de fruits de mer en truffe, les huîtres chaudes au jus de truffe et aux poireaux ne sont que quelques exemples des entrées proposées par l'un des meilleurs restaurants de France. Le salmis de pigeonneau au chou vert, la poularde de Bresse à la mousse de cresson, la selle d'agneau aux pointes d'asperges, le médaillon de veau aux écrevisses, la blanquette de bar aux petits légumes ou la cassolette de homard à l'estragon sont également parfaitement « diététiques ». Si vous avez encore faim, un fromage frais et une salade de fruits ne vous feront pas prendre un gramme et puis le plaisir existe et puis vous serez plus rigoureux au repas d'après.

La nouvelle cuisine est remarquable, elle préserve les saveurs, ne cuit pas dans la sauce et ne demande pas les quantités de beurre et de crème fraîche d'antan. Apprenez à lire la carte, vous êtes client, renseignez-vous, demandez un changement de garniture. Préférez le poisson, vous n'êtes pas obligé d'en manger la sauce. Vous avez maintenant toutes les données en main, le libre choix est dans votre tête. Whisky ou jus de tomate, foie gras avec toasts ou saumon cru mariné, terrine de canard ou terrine de poisson, gras double ou aile de poularde, cantal ou fromage blanc frais (même à 45 pour 100...), gâteau au chocolat ou salade de fruits à la menthe, une bouteille de vin ou un verre...

Il est mauvais pour le moral de se priver de restaurant, c'est donc préjudiciable au déroulement de votre amincissement.

Parmi les restaurants exotiques, il en existe certains qui offrent un choix de plats à commander les yeux fermés.

— *Au restaurant chinois* : toutes les soupes sont permises et Dieu sait s'il existe une grande variété de potages. Les seuls déconseillés sont ceux qui contiennent du riz et des nouilles. Les salades assaisonnées à la sauce soja, les plats de poulet (à la citronnelle par exemple) et de crevettes, sont également sans danger. Attention à la sauce aigre-douce (préparée avec du sucre).

— *Au restaurant japonais* : tous les plats de poissons crus, servis avec des carottes rapées et des lamelles de raifort, et le sukiyaki, plat de légumes et viandes cuits dans un bouillon, le chabou-chabou, bouillabaisse de poissons ou les yakitori, brochettes où la sauce donne le goût mais ne pénètre pas.

— *Au restaurant italien* : le carpaccio (filet de bœuf cru émincé) assaisonné d'un trait de citron, les salades italiennes, le jambon, pourquoi pas ?

— *Au restaurant indien* : tous les plats végétariens et les tandoori, grillés sans gras dans un four en terre, par conséquent extra-maigres.

— *Au restaurant arabe* : toutes les brochettes et tajines.

— *A la cantine* : vous pouvez là aussi, sans trop de problèmes, maigrir, pas forcément dans la joie, c'est vrai.
Pour avoir lu les chapitres précédents, vous savez ce qu'il faut faire. Il existe généralement au minimum deux choix.
Prenez donc ce qui ne fait pas grossir, c'est une lapalissade, ce qui l'est moins serait peut-être d'augmenter votre petit déjeuner, d'avoir un en-cas prêt à 17 h 30 quand vous rentrez et de manger léger à midi. Je vous rappelle que dans la liste des aliments autorisés, vous pouvez manger n'importe quoi, n'importe quand, vous n'êtes donc pas obligé de suivre un horaire figé et rigoureux.

— *Au bistrot* existe notre sacro-saint sandwich, mais vous pouvez aussi prendre deux œufs durs. Une omelette avec un yaourt et un fruit seront parfaits par rapport au steak poêlé à l'huile, pommes frites, crème caramel, et pas plus chers.

ET LE FAST FOOD?

La restauration rapide est, semble-t-il, promise à un brillant avenir. Il suffit de se référer aux chiffres de la SOFRES. Deux Français sur trois vont au restaurant au moins une fois par an. Mais la restauration rapide (13,3 millions de clients) devance désormais la restauration traditionnelle (12,3 millions) ainsi que les cafés bistrots (11 millions).
Il faut admettre que lorsque l'on a entre 15 et 25 ans (30 ?) il est infiniment plus sympathique de manger un hamburger dans une ambiance jeune et avec une musique un peu branchée, c'est rapide, pas cher et carrément plus amu-

sant que le triste sandwich-pression sur un coin de table de bistrot.

Mais voilà que les parents adultes poussent des cris et s'insurgent contre ce qu'ils qualifient de « stations-service alimentaires » où l'on vient se déséquilibrer.

Tout ce qui est nouveau inquiète, surtout venu des États-Unis... Ah! pays des excès, etc. En fait le point positif est que cette façon de s'alimenter n'appelle pas de boissons alcoolisées. D'autre part si on compare un classique hamburger au sandwich de rillettes ou de pâté bien français complété de la tartine de confiture bien traditionnelle, on aura les mêmes lipides, glucides, protides.

En fait, le procès des fast foods n'est rien de plus que celui de l'excès de lipides saturés contenus d'une façon générale dans le régime des Occidentaux que nous sommes. Mais il est tellement plus déculpabilisant de critiquer ces nourritures venues d'ailleurs.

Quoi qu'il en soit le fast food peut trouver tout à fait sa place dès lors qu'il restera occasionnel et non pas biquotidien et surtout s'il est consommé comme repas principal et non pas complément « petite faim » au cours de la journée.

Car dans l'absolu l'apport d'un repas style fast food représente la ration calorique idéale d'un adolescent.

Cela dit, il est vrai qu'il n'est pas équilibré : pauvre en fruits, en légumes, en fibres. Il contient peu de vitamine C, d'acide folique, de vitamine A mais beaucoup d'énergie, de lipides, de sucre, de sodium. Il pourrait être acceptable accompagné d'un supplément de fruits et légumes frais.

90 pour 100 des adolescents consomment de la nourriture fast food de façon habituelle. 75 pour 100 entre la sortie du lycée et le dîner, 50 pour 100 après le dîner.

Ils y trouvent jusqu'à 25 pour 100 de l'apport énergétique quotidien.

7
La diététique de l'adolescent

15-20 ANS, UN AGE CLÉ POUR UNE FUTURE MINCEUR

Aujourd'hui, les jeunes filles sont plus soucieuses de leur ligne que leurs mères et grands-mères, mais elles ne savent malheureusement pas mieux s'alimenter que leurs aînées. Pire encore, elles sont « les enfants du sucre ». Boissons sucrées, crèmes glacées, sucreries diverses, mode du sucre venue des États-Unis. La diététique, connais pas !

La période bénie où l'on peut manger de tout sans grossir (en principe) s'arrête dès que l'on cesse de grandir. Ce qui arrive généralement vers 17-18 ans. En tous les cas tout est joué à 20 ans. La croissance brûle des calories. Quand elle est finie, il faut manger moins, sinon les kilos s'installent. Les besoins caloriques passent alors de 3 000 calories par jour à 2 000 environ pour les filles, un peu plus pour les garçons. Au-delà c'est la porte ouverte à la graisse. Tout est en intense action pendant cette période, glandes endocrines mais aussi système nerveux. De multiples facteurs sont en jeu. Non seulement l'apport calorique mais surtout la qualité de cet apport. Il faut suffisamment de protéines, lipides, glucides et sels minéraux ainsi que des vitamines. Le tout dans des proportions harmonieuses, afin que le corps se construise lui aussi harmonieusement.

Ces années d'adolescence sont des années charnières de construction, c'est pourquoi il est indispensable d'avoir une alimentation équilibrée. La découverte, et le choc qu'elle provoque, de son corps qui change sans cesse, l'apprentissage de l'amour avec ce qu'il implique comme vrais chagrins, un début de prise en charge de soi-même, bref le passage vers un monde semi-adulte, tout cela constitue un ensemble de stress plus ou moins faciles à assumer. Et la facile consolation, à portée permanente, c'est la nourriture ; on n'a pas encore trouvé mieux comme compensation orale, du sucre, des boissons sucrées, « à la recherche de mon biberon perdu »...

L'adolescence, âge où l'on commence à se prendre en charge, est la période idéale pour prendre de bonnes habitudes alimentaires. Ce sont les années idéales pour se bâtir une hygiène de vie saine, et apprendre des gestes qui deviendront plus tard des automatismes tout à fait naturels.

— Une des habitudes minceur est d'apprendre à se nourrir régulièrement sans oublier le petit déjeuner et même le goûter, mais oui, avec laitage et pain.

— Une autre bonne habitude à prendre est de dormir régulièrement.

— Apprendre à boire de l'eau plutôt que des boissons sucrées, et du lait pour son calcium et ses protéines, écrémé ou demi-écrémé.

— Et surtout apprendre à manger lentement et non pas à engloutir la nourriture sauvagement à toute allure quand on a faim.

— Il est également bon d'apprendre le goût du sport. Si par exemple on fait de la danse ou du tennis jeune on a plus de chances d'en faire toute sa vie.

Par ailleurs, vous « les enfants du sucre » *votre minceur future se joue sur votre amour pour le sucre.* Apprenez à ne l'aimer que du bout des lèvres. Bien sûr il n'est pas question de vous en priver totalement. Le sucre est un des vrais plaisirs de la table. Cela dit, notre organisme n'en a absolument pas besoin. Il trouve tout ce qui lui est nécessaire dans les fruits, légumes, pain, céréales qui nous fournissent les glucides dont nous avons un besoin permanent.

Comme vous le savez, le sucre pur est notre ennemi diététique numéro un, lorsque l'on en absorbe trop et surtout entre les repas. Il passe très vite dans le sang, augmente la glycémie (taux du sucre dans le sang) déclenchant ainsi une sécrétion d'insuline, l'hormone nécessaire à son métabolisme dans les cellules. Il est alors très vite transformé en graisses s'il n'est pas utilisé par la dépense énergétique. Cela donne une hypoglycémie réactionnelle qui se traduit par la faim, la fatigue, la tête vide. Et le besoin de manger pour se remonter. C'est ainsi que l'on s'adonne à d'infinis grignotages car le processus se renouvelle. Il est préférable de consommer du sucre pendant les repas. Pris avec d'autres aliments, il suit un parcours digestif plus lent, son effet est donc moins catastrophique. En tout, le sucre ne doit représenter que 10 pour 100 des calories totales de la journée. Cette ration peut être augmentée si vous faites du sport.

Le bon emploi du sucre est de le prendre sous forme de chocolat avec du pain pour ses fibres et du lait pour son calcium. Le chocolat contient du sucre, mais il a sur celui-ci la supériorité d'être riche en vitamines, sels minéraux, notamment en magnésium ; le sucre pur se contente d'apporter des calories vides.

La diététique n'est pas encore enseignée à l'école, cela viendra ; les enfants éduqueront les parents.

La diététique, ce n'est pas le steak salade, cela n'est pas non plus les régimes d'enfer qui font souffrir. La diététique c'est apprendre à mieux s'alimenter et corriger les plus grosses erreurs. Il existe deux ennemis : le sucre et la graisse. Il ne faut pas enfourner inconsidérément de grandes quantités de charcuteries, de frites, c'est trop gras. Ni de pâtisseries ni de produits sucrés.

Inutile de se priver de pain, de pommes de terre, de pâtes, de riz qui apportent des glucides lents, des fibres, des vitamines du groupe B. Il ne faut pas non plus se priver de produits laitiers, surtout frais : fromages blancs, yaourts qui apportent des protéines et du calcium. On a besoin de beaucoup de calcium durant l'adolescence, période pendant laquelle on grandit, on « fabrique de l'os »...

En revanche on a besoin de moins de viande qu'on ne le croit généralement : 150 à 200 grammes sont largement suffisants chaque jour, à condition de consommer par ailleurs des produits laitiers.

Les besoins caloriques d'une fille de *13 à 15 ans* sont supérieurs à ceux d'un adulte : 2 500 calories en moyenne : ceux d'un garçon du même âge de 2 900 calories. Mais cela peut être encore plus élevé pendant la poussée de croissance.

De *16 à 19 ans*, les chiffres baissent pour les filles à 2 300 calories et augmentent pour les garçons à 3 100 calories.

RATIONS QUOTIDIENNES NORMALES ÉQUILIBRÉES :
(non pas de régime mais de croissance)

	De 12 à 15 ans	De 15 à 20 ans
Viandes, poissons ou œufs	150 g	200 g
Lait demi-écrémé	500 g	500 g
Fromage	30 g	30 g
Beurre	20 g	20 g
Huile	20 g	25 g
Pain	400 g	500 g
Céréales	30 g	35 g
Pommes de terre	300 g	350 g
Légumes frais	300 g	350 g
Légumes secs	20 g	30 g
Fruits frais	200 g	250 g
Sucre	30 g	40 g
Confitures	15 g	20 g
Chocolat	10 g	10 g

Il va de soi que ces chiffres sont une moyenne à répartir parfois sur la semaine et à réduire en cas de problème de poids ou de vague tendance à grossir.

Mais ces chiffres peuvent aider à déceler ses propres erreurs.

Les aliments doivent être pris en 4 repas :

— *Le petit déjeuner* représentera 25 pour 100 de la ration alimentaire globale : chicorée avec du lait, pain, beurre et un peu de confiture ainsi qu'un jus de fruit représentent un petit déjeuner correct avec mélange de sucre d'absorption rapide et de sucres d'absorption lente. Il correspond dans l'ensemble au goût français. L'idéal reste cependant le petit déjeuner anglais qui est, lui, parfaitement équilibré apportant en plus des protéines permettant de compenser les surconsommations de sucre. Il est des habitudes qu'il faut prendre très tôt.

— *Le déjeuner* doit fournir 40 pour 100 des besoins énergétiques :
crudité en entrée si l'on mange des féculents ensuite ou bien une pizza ou quiche lorraine si l'on mange un légume vert cuit ensuite,
viande ou œuf ou poisson ou volaille,
féculent ou légumes verts en fonction de l'entrée,
fromage ou yaourt,
fruit ou compote.
Comme boisson : de l'eau ou du lait (pourquoi pas demi-écrémé). Il est tout à fait inutile là encore d'induire le goût du sucre en donnant des boissons sucrées.

— *Le goûter* comportera plutôt un sandwich au fromage qu'un biscuit fourré chocolat, accompagné d'un verre de lait.

— *Le repas du soir* sera sensiblement le même que le déjeuner mais il vaut mieux éviter les surcharges en protéines animales grasses (viande) et compléter par des œufs, du poisson ou des préparations culinaires à base de lait.

Comme en toute chose, il ne faut pas être d'un rigorisme mystique, l'important étant plus dans une diététique équilibrée de façon hebdomadaire que d'avoir la balance à la main pour déterminer les rations au gramme près quotidiennement. Il vaut encore mieux avoir des enfants qui mangent ce qu'ils veulent et sont bien dans leur peau plutôt que d'être en permanence sur leur dos et leur créer des troubles de la personnalité.
Hormis les erreurs que nous avons vues dans les premiers chapitres, les parents ont une fâcheuse tendance à surnourrir leurs chères têtes blondes lorsque celles-ci déjeunent à la cantine. S'il est vrai que généralement les repas n'y sont

pas parfaits, c'est plutôt dans l'excès que dans le défaut. Abondance de féculents et de graisses caractérisent les déjeuners, aux dépens des légumes verts... la logique serait donc de réduire les repas pris en famille et non de surnourrir sous le prétexte que la cantine nourrit mal.

8

La diététique de la femme enceinte

Bien souvent, la femme enceinte se nourrit n'importe comment. L'augmentation des besoins énergétiques est nulle le premier trimestre, d'environ 100 calories par jour le second trimestre pour arriver à 250 calories le dernier trimestre. Le but est de favoriser un développement normal du fœtus, ni trop, ni trop peu. Chacun y allant de ses conseils ou de son expérience personnelle, c'est trop souvent la plus « mauvaise période diététique » de la femme, avec ce que cela comporte comme prise de poids quasi définitive. Disons d'emblée que 12 kilos sont une prise de poids maximum lors du terme de la grossesse. Les apports de protéines doivent augmenter d'une quinzaine de grammes par jour, une moitié l'étant par des protéines animales. Seules les protéines seront augmentées dans la ration alimentaire de la femme enceinte.

En fait, plutôt que de parler de régime de la grossesse, il faudrait plutôt manger normalement (dans l'acception du diététicien qui n'est pas forcément celle du public...). Légumes crus ou cuits, viandes de préférence maigres, poissons, œufs, laitages, sucres d'absorption lente sous forme de pain et de féculents, fruits crus ou cuits pour ce qui est des sucres rapides, devraient être la ration calorique de tout un chacun. Chez la femme enceinte, les viandes (maigres), pain, œufs et légumes verts ainsi que les laitages assureront la complémentation utile en fer, vitamines et calcium dont les besoins sont un peu augmentés. Le sel doit être pris en quantité normale, 6 à 7 grammes par jour, c'est-à-dire sel pour la cuisson mais pas de sel de table. Idéalement, les excitants (thé, café, piments, tabac, alcool) seront supprimés, 20 cl de bière ou de vin multiplient par 3 les avortements et la mortalité périnatale sans parler des augmentations du rythme cardiaque et des malformations. Et si chacun connaît une femme ayant mis au monde un beau bébé malgré ses 20 cigarettes par jour et ses 3 verres de vin, sachez que les médecins ne raisonnent pas en terme d'exception mais en terme de statistique globale...

Tout ceci est idéal, malheureusement nausées et vomissements, fringales incoercibles et dégoûts exacerbés, brûlures d'estomac insupportables et constipation opiniâtre viennent ponctuer le déroulement de la grossesse.

Les nausées et vomissements qui ne persistent pas au-delà du 3e mois sont bien soulagés par les antivomitifs, le fractionnement des repas en plusieurs collations légères permet un bilan nutritionnel normal.

Les fringales comme les dégoûts feront appel aux équivalences. La viande, le lait, le poisson, les œufs, le fromage sont à peu près équivalents au point de vue protéique ; les fruits crus ressemblent aux légumes crus (mais attention au sucre des fruits), de même que les légumes cuits ressemblent aux fruits cuits.

Les brûlures d'estomac sont soulagées par l'alimentation, en particulier les produits à base de lait et les féculents et, là encore en fractionnant l'alimentation.

La constipation sera vaincue par un régime riche en fibres en particulier les légumes et fruits crus ou cuits. Attention au son qui déminéralise et aux excès de féculents qui font prendre du poids. Penser aux équivalences, utiliser les légumes surgelés.

Et ne pas oublier de boire beaucoup d'eau...

La femme enceinte obèse doit se mettre au régime. Son régime sera strictement comparable à celui de tout le monde. Réduction des apports de sucres et de graisses et là plus qu'ailleurs la vigilance doit porter sur un équilibre logique de la ration alimentaire.

9
La diététique du troisième (et quatrième) âge

Il devrait comporter 4 repas légers et 2 collations.

— *Au petit déjeuner*, pain, beurre, fromage, un peu de miel ou de confiture, un bol de lait demi-écrémé.

— *Dans la matinée*, laitages ou jus de fruits.

— *Pour le déjeuner*, viande ou poisson cuits sans graisse, légumes verts cuits ou féculents, fromage, un fruit.

— *Le dîner* sera semblable au déjeuner, sans viande et en apportant des légumes si des féculents ont été consommés au déjeuner et inversement, un fromage ou un entremets, un fruit cru ou en compote.

— *Au coucher*, une infusion ou un verre de lait.

A cet âge, les aliments bâtisseurs jouent un rôle aussi important que dans l'enfance. Les protéines doivent représenter 1,5 gramme par kilo de poids corporel et par jour. Elles doivent être pour moitié d'origine animale, l'autre moitié étant d'origine végétale.

100 grammes de viande	= 100 g de poisson
	= 2 œufs
	= 1/2 litre de lait
	= 60 g de gruyère
	= 70 g de camembert
mais aussi :	= 150 g de riz
	= 250 g de pain
	= 80 g de légumes secs

Le calcium, dont les besoins sont de l'ordre de 1 gramme

par jour, est apporté par le lait demi-écrémé, les fromages, légumes et fruits frais, ces derniers permettant la lutte
contre la constipation fréquente dans cette période de la
vie ou les exercices physiques sont plus restreints.

Il ne faut pas consommer trop de graisse ni trop de sucres
d'absorption rapide, en particulier les charcuteries si faciles d'utilisation et les biscuits et chocolateries.

Et toujours 1,5 à 2 litres d'eau par jour.

Cela est idéal... sur le papier, malheureusement les gens
âgés ont souvent des problèmes. Problèmes d'ordre physique allant du simple dentier qui ne tient pas dans la bouche à l'impotence plus ou moins complète, problèmes
moraux du veuf ou de la veuve ne sachant ou n'ayant pas
envie de cuisiner.

La diététique du sportif

Il est, vous êtes, je suis sportif. Que le sport que nous pratiquons soit ponctuel, régulier, suivi ou intensif, les grandes règles diététiques sont les mêmes pour tous les types d'activités physiques. Quelle que soit l'intensité de l'effort que vous fournissez, certaines règles d'alimentation vous aideront; que vous vous livriez à une activité physique individuelle ou collective, que ce soient des cours de danse ou de judo trois fois par semaine ou du ski une semaine par an, il est préférable de respecter une certaine hygiène alimentaire. Alors, sportifs de compétition ou non, vos apports nutritifs doivent être adaptés à vos activités...

Il ne faut pas faire du sport pour maigrir, mais il faut maigrir pour faire du sport.

En revanche, un sportif cessant le sport grossit généralement. Les exemples autour de nous ne manquent pas. Pourquoi grossissent-ils? Tout simplement parce que leur inactivité nouvelle les conduit à brûler moins de calories. Calories qu'ils absorberont toujours en aussi grande quantité car ils n'auront pas changé leurs habitudes alimentaires. Nos ex-sportifs seraient donc surnourris par rapport à leur état nouveau de sédentaires.

Longtemps, on a pensé que consommer beaucoup de viande était nécessaire à la pratique du sport et aidait à accomplir des performances. On sait maintenant que cela est faux. Pourtant, Claude Galien, au IIe siècle déjà, avait dénoncé les méfaits d'une alimentation trop carnée entraî-

nant selon lui une fatigue prématurée et limitant l'endurance au cours des efforts.

Malheureusement, il n'a pas été entendu par ses collègues et successeurs au cours des quelques siècles qui suivi-
rent, où toutes les aberrations en matière de régime
alimentaire destiné à améliorer les performances furent
commises.

Il est cependant nécessaire de distinguer le sportif intensif
du sportif du week-end que nous sommes peu ou prou.

Deux heures d'aérobic ou de tennis par semaine ne justifient pas un apport calorique supérieur (mais un apport
en eau, si).

Que le sport ne devienne pas un alibi pour consommer
davantage de nourriture. Il faut une activité physique très
importante pour justifier une augmentation de ration. Une
femme qui parcourra quinze kilomètres à pied ou un nageur
qui passera six heures par jour dans l'eau pourra manger
davantage, mais une maîtresse de maison se dépensera
davantage au cours d'une journée parisienne que l'été, à
l'hôtel, en nageant et jouant une heure ou deux par jour
au tennis.

Autre alibi à éviter : celui consistant à ingurgiter davantage de calories sous le prétexte que l'on est aux *sports
d'hiver*. L'adaptation au froid ne fait pas brûler tant de
calories qu'il faille pour autant doubler sa ration alimentaire. En fait, il faut une augmentation calorique de 10 pour
100 par dix degrés de différence de température.

Par exemple entre Paris et Oslo, il est suffisant d'augmenter votre ration calorique de 10 pour 100 et 10 pour
100 sur la ration globale, non sur les barres chocolatées
exclusivement...

Beaucoup de mes patients ne comprennent pas pourquoi
ils reviennent des sports d'hiver avec un ou plusieurs kilos
en plus. « Et pourtant docteur, je me suis dépensé... » Oui
mais vous avez un peu trop forcé sur la raclette ou la fon-
due savoyarde sans pour autant monter en haut des pen-
tes avec des raquettes...

Enfin, pour les skieurs, ne tombez pas dans le piège de
l'alcool. Son effet vasodilatateur sur les vaisseaux sanguins

superficiels donne une impression *fugitive* de chaleur. Sensation non durable favorisant au contraire le refroidissement. L'alcool est tout à fait contre-indiqué pour les sujets en détresse en montagne : c'est du sucre aliment du muscle qu'il faut donner. Alors, le pauvre saint-bernard avec son tonnelet d'alcool autour du cou, venant dégager les malheureux ensevelis, force notre admiration mais ferait mieux d'avoir un paquet de sucre.

L'ALIMENTATION DU SPORTIF DE COMPÉTITION

Contrairement à une idée reçue, l'alimentation des sportifs est simple, je parle des vrais sportifs, non de ceux qui se livrent à un sport de loisir et qui seraient tentés de modifier leurs habitudes. Les principes de base sont strictement les mêmes que pour le sujet sédentaire exception faite de la quantité calorique qui doit être plus importante. La ration calorique moyenne est d'environ 3 000 calories, pouvant aller jusqu'à 6 000 en fonction de l'individu et du sport pratiqué. Comme toujours en diététique, rien ne doit être dogmatique et il faut tenir compte des goûts individuels. Ces goûts comptent tant au niveau du plaisir que du moral du sportif de haut niveau.

Pour le quotidien, en période d'entraînement, l'équilibre alimentaire reste le même avec les 4 portions de glucides, les 2 portions de protides (120 grammes par jour) et 1 portion de lipide sans oublier les 2 litres d'eau de boisson. Les modifications porteront sur les périodes précédant les compétitions, les compétitions elles-mêmes et les périodes de récupération. Les règles d'hygiène de vie, valables pour tout le monde, le sont un peu plus pour les sportifs. L'abstinence du tabac — tout le monde sait pourquoi sur les plans respiratoire, pulmonaire, etc., mais on ne sait pas forcément que chaque cigarette consomme 25 mg de cette si précieuse vitamine C ô combien nécessaire aux sportifs. L'alcool, interdit en période de compétition et qui, outre tout le reste, empêche l'élimination de l'acide lactique, celui-ci étant le résidu de l'effort musculaire...

Dans les heures précédant les compétitions, il faudra faire un repas normalement équilibré et cela quelle que soit l'heure à laquelle se déroule l'épreuve. Il n'existe pas de règle absolue pour savoir combien de temps avant l'on doit manger. C'est une question de sensibilité individuelle, 2 h 30 pour les uns, 4 heures pour d'autres. Il faut cependant éviter que ce dernier repas précompétition soit trop riche en graisses et en protéines. On préférera les sucres d'absorption rapide et les protéines des fromages frais. Il est possible de manger très peu de glucides pendant 48 heures puis immédiatement après, au contraire, beaucoup de glucides pendant les 48 heures précédant l'épreuve afin d'augmenter les réserves de glycogène. Pendant cette période, on surveillera encore plus soigneusement l'hydratation en préférant l'eau sucrée.

Boire est fondamental chez tout le monde, encore plus chez le sportif. Le sucre ajouté à la boisson permet de nourrir les muscles qui vont faire un effort, d'autant plus que le stress de cette période va produire de l'adrénaline, elle-même grosse consommatrice de sucre. Contrairement à ce que l'on peut croire, boire au cours d'une épreuve sportive n'a jamais cassé l'effort, comme le prouvent les champions de tennis. Le sucre sera consommé sous forme de pâtes de fruits ou de chocolat. Les « boissons sucrées de l'effort » n'ont absolument aucun intérêt... si ce n'est au niveau de l'esprit et alors...

Lors des compétitions elles-mêmes, il faut distinguer :
— les efforts brefs où rien ne peut être consommé,
— les épreuves d'endurance où il faut éviter aussi bien les fringales que la surcharge gastrique. De petites rations un peu plus riches en sucre et en sel, une hydratation suffisante sont nécessaires,
— lors des épreuves en série, on optera pour des repas équilibrés pris entre chaque épreuve en respectant les horaires propres à chacun et les conditions environnantes (hydratation, température).

Les rations en période de récupération vont permettre de reconstituer les stocks.

Dans la première phase qui dure environ 24 heures, l'élimination des déchets azotés contraint à une nourriture pauvre en protéines et en graisses. Sucre sous forme de glucides à absorption lente, boisson riche en sodium et en potassium.

La deuxième phase de reconstitution qui dure 48 heures nécessite un apport calorique plus important : 4 000 à 5 000 calories avec 180 grammes de protéines. Puis de nouveau, nourriture normale.

Comme pour les sujets sédentaires, la complémentation vitaminique et minérale est inutile si l'alimentation est normalement équilibrée. Pour la tranquillité spirituelle et si l'effort est important : vitamines B1, B6, B12 et C.

... et de l'intellectuel

La simple lecture de ce livre lui a permis de tout comprendre, nous nous en voudrions de l'offenser en lui donnant des recettes. Disons quand même pour éclaircir ses derniers doutes que le travail cérébral ne consomme rien. Une simple alimentation équilibrée suffit au bon déroulement du travail intellectuel !

VI

La cellulite

Cellulite! quand tu nous tiens, tu n'es pas près de nous
lâcher. Un grand nombre de femmes en ont. Les plus soucieuses de leur apparence effectuent souvent un véritable
parcours du combattant tout au long des années. Qui,
parmi les femmes se sentant concernées, peut se vanter de
n'avoir eu la cuisse ionisée, pommadée, multi-piquée,
magnétisée, électrisée, lymphatiquement drainée, enzymée,
resculptée, sommée de dégorger son eau, de moins en moins
hormonée, heureusement. Toutes les recettes miracles sont
essayées et ont au moins le mérite de faire fonctionner notre
société de consommation.

Marché florissant s'il en est, les pourfendeurs de cellulite ont et auront toujours du pain (ou du gras) sur la plan-
che. Problème préoccupant pour les femmes à l'approche
de l'été et de l'épreuve du maillot, la cellulite est la porte
ouverte au charlatanisme le mieux organisé pour essorer
le portefeuille des crédules. Par ailleurs les chercheurs les
mieux intentionnés cherchent et mettent au point des traitements élaborés à partir d'hypothèses dont la vérification
scientifique objective est pour le moins difficile. L'interprétation des résultats étant conditionnée par la vie affective des femmes, leurs états d'âme, leur humeur, une
sédentarité passagère ou au contraire une activité pouvant
considérablement faire varier la silhouette et créditer de
succès des méthodes pour le moins douteuses.

Pardonnez aux médecins, mesdames, ils ont été un peu

agacés et vous ont peut-être un peu agressées lorsqu'ils estimaient que vos cuisses étaient parfaites, hormis quelques amas graisseux peut-être. Ce qui est souvent ressenti par la femme comme une terrible maladie n'est vu par l'homme que comme une particularité somme toute bien féminine. Et les femmes de se tourner alors, avec quelque mépris pour ces ignares de médecins, vers les divers instituts spécialisés en remodelage machin ou en esthétique truc proliférant (le mot n'est pas trop fort) par-ci par-là. Mais revenons-en à la définition de la cellulite.

Médicalement, la cellulite désigne un état pathologique bien précis du tissu conjonctif, caractérisé par l'inflammation ou l'infection. Là où un processus de cellulite vraie est localisé, la peau est rouge, chaude, tendue et douloureuse selon le stade du foyer évolutif responsable. Le traitement général, s'il est anti-infectieux parfois, est anti-inflammatoire toujours. Tout cela n'a donc rien à voir avec cette autre cellulite qui nous préoccupe tant, mais cela vous expliquera le petit sourire que vous verrez poindre parfois au coin des lèvres de certains médecins. En fait, il y a cinquante ans, un médecin lyonnais lança le terme cellulite et ce nom embrouilla la terminologie, le diagnostic et la thérapeutique. C'est un nom qui a bon dos et c'est ainsi que toute femme insatisfaite de sa morphologie ou de l'apparence de sa peau pense avoir de la cellulite ; la classification médicale s'avère cependant incapable de l'identifier comme une affection autonome. Ce que vous pourriez prendre pour de la mauvaise foi de votre médecin, lorsqu'en vous déshabillant vous montrez ce que vous croyez être un désastre, n'est que pure attitude médicale de sa part. S'il vous demande ce que vous entendez par cellulite et que vous lui répondez « mais c'est ça ! » en désignant avec dégoût vos hanches, cuisses ou fesses, ne commencez pas à vous dire que vous êtes tombée sur un médecin misogyne ou débile. Rusez plutôt, dites : « Regardez, docteur, j'ai ça, que puis-je faire ? », vous verrez bien s'il vous parle de cellulite. Bien entendu, là encore, pour la compréhension du texte, nous poursuivrons en appelant cellulite ce qui n'en est pas mais qui nous obsède bien davantage que si c'en était...

Pourquoi les femmes sont-elles les seules à en souffrir ? Uniquement parce que la cellulite est un caractère sexuel secondaire. Consolez-vous, les hommes ont de la brioche, à chacun ses petits problèmes. Si un transsexuel masculin désire devenir femme, les hautes doses d'hormones femelles peuvent créer une culotte de cheval. La zone de la culotte de cheval (dite adiposité péri-trochantérienne) chez la femme est une zone hormono-dépendante. Lorsque vous faites un régime, vous perdez toujours en second des zones hormono-dépendantes... c'est ainsi qu'à votre grand dam vous commencerez toujours par perdre du haut et à avoir de magnifiques salières avant que le bas commence lentement à se désépaissir. La différence d'harmonisation donnant même visuellement l'impression d'une augmentation de la culotte de cheval.

Il n'est pas du tout certain qu'en faisant une anorexie mentale et en perdant 23 kilos sur 60 vous vous débarrasseriez de cette sacrée cellulite. La meilleure preuve en est que nous voyons chaque jour en consultation des femmes maigres porteuses de cellulite. Les origines de la cellulite sont liées à 80 pour 100 à un problème d'insuffisance veineuse notamment au niveau de la micro-circulation. Les 20 pour 100 de causes restantes se partagent entre : inactivité, tabac, alimentation, stress, hormones, sans oublier les causes génétiques (morphologie longiligne ou méditerranéenne). La localisation majeure se situe généralement sur les cuisses et les hanches, conforme aux caractères sexuels secondaires de la féminité.

Le mécanisme de formation en est complexe. Succinctement, la graisse est formée de cellules appelées adipocytes, en lobules, c'est-à-dire en groupes reliés entre eux. Ces lobules, comme les adipocytes, sont variables en volume. Les volumes sont conformes au capital génétique et à la nourriture des premiers mois. Si le nombre d'adipocytes est relativement constant d'un individu à l'autre, leur taille est variable. Un grand adipocyte contenant plus de graisses qu'un petit, c'est un peu cette inégalité qui fait la différence entre les gros et les maigres. Les plus gros lobules sont sur les plans profonds, les moins gros sont en surface reposant sur les aponévroses (tissu d'emballage) des muscles et sont recouverts par la peau. L'aspect visuel constaté est donc le résultat d'un conflit physique entre la graisse sous-cutanée, la peau et le plan rigide des aponévroses musculaires.

Donc :

Capital génétique + erreurs alimentaires

↓

Gros adipocytes

↓

Cellulite

↓

Régime

↓

Diminution de la taille des adipocytes

↓

Diminution du volume des lobules

↓

Perte de la cellulite

Mais ce serait trop simple et si ce mécanisme entre pour une part (expliquant l'efficacité du régime alimentaire), ce n'est malheureusement pas la part la plus importante. Le mécanisme lié à l'insuffisance veineuse est beaucoup plus complexe, beaucoup plus responsable de l'aspect et beaucoup plus difficile à traiter.

Lorsque l'on pince la peau, ou parfois quand on la regarde simplement, on constate cette fameuse peau d'orange qui nous empoisonne tant. Cette peau d'orange est due au fait que nos lobules sont encapsulés, cette capsule n'est pas due à une inflammation cellulaire mais à une prolifération de tissu conjonctif, prolifération essentiellement causée par une réaction à ce que l'on nomme l'anoxie, c'est-à-dire le manque d'oxygénation des tissus. Cette anoxie est causée par l'insuffisance du retour veineux. L'insuffisance du retour veineux entraîne une stagnation en amont c'est-à-dire un ralentissement des échanges au niveau de la micro-circulation, il existe des marécages là où devraient couler des torrents.

Insuffisance veineuse = stagnation micro-circulatoire

↓

Difficulté des échanges → Mauvaise élimination des déchets
sang - tissus   Mauvaise oxygénation

↑   ↓

Prolifération de la capsule ← Réaction du tissu conjonctif

Ce mécanisme lié pleinement à l'insuffisance veineuse est aggravé par tous les cofacteurs agissant sur l'insuffisance veineuse. Le tabac par son rôle sur la circulation, le stress par les productions d'hormones, les hormones (puberté, pilule, accouchement, ménopause), l'inactivité (diminution des échanges sanguins).

La cellulite comporte quatre aspects : la peau d'orange,

le capiton, le plissé et les îles flottantes. La peau d'orange est le plus connu des aspects de la cellulite, visible spontanément ou provoquée par un pincement. Lorsque la graisse est surabondante et la peau trop fine et trop molle, le camouflage des excédents de graisse encapsulée est difficile. Le plissé est un ensemble de minuscules plis, petites rides dues à la perte de l'élasticité de la peau. Très fréquent à la face supéro-interne des cuisses, le plissé apparaît en fonction de caractères primaires et secondaires (l'exposition solaire répétée et intensive).

Le capiton se voit à l'œil nu. Lorsque la surcharge graisseuse dépasse franchement les limites de l'espace qui lui est imparti, le cloisonnement, sous cette énorme traction, perd de son élasticité. La vascularisation cutanée est gênée, n'arrangeant pas l'état de la peau. Pour peu que celle-ci soit fragilisée, la disgrâce se manifeste non seulement en volume mais également en surface.

L'île flottante évoque des délices culinaires mais il n'en est rien si ce ne sont quelques vestiges d'agapes passées. C'est un aspect disgracieux causé par la fonte musculaire due à l'âge associé à un nombre important de régimes. Les îles flottantes sont ainsi nommées car ce sont des masses de graisses isolées, témoignage vivant d'un ex-surpoids.

LES TRAITEMENTS

Le laser.

Si son usage est si facile c'est qu'il ne doit pas avoir beaucoup de contre-indications... et donc d'indications. Les soft laser font de la lumière et chauffent un peu, ce sont d'élégants et coûteux passe-temps. Tout n'est cependant pas négatif car ils peuvent constituer un adjuvant psychologique, et un bon placebo n'est-il pas un bon médicament ? Le vrai, le chirurgical, découpe les tissus et volatilise les tumeurs.

L'ionisation.

Excellente technique par ailleurs, ses résultats dans la

cellulite ne sont pas démontrés. Il semble en tout cas difficile pour elle de modifier l'ensemble des structures concernées.

L'application de crèmes.

L'efficacité sur la cellulite est généralement liée au petit régime inclus dans le mode d'emploi...

Deux remarques cependant :

— les crèmes qui peuvent agir sur l'insuffisance veineuse sont mieux que rien ;

— l'action de massage lors de l'étalement de la crème ne fait pas de mal. Une mention spéciale pour les nouvelles crèmes chauffantes qui ne sont rien moins que la redécouverte du gant de crin...

L'acupuncture.

Est intéressante pour son pouvoir relaxant qui aurait un effet favorable sur la fonction hormonale souvent perturbée chez la femme stressée.

La mésothérapie.

C'est un peu grâce à la cellulite qu'a été connue par le grand public l'excellente technique du Dr Pistor. C'est à la fois un bien et un mal. C'est un bien car la mésothérapie possède d'excellentes indications avec des résultats tout à fait remarquables lorsque celles-ci sont bien posées. Un mal car comme toute technique, elle a des limites, et un échec sur la cellulite qui est loin d'être la meilleure indication ne peut préjuger d'un échec sur certaines douleurs.

L'intérêt de la mésothérapie dans la cellulite est lié à son efficacité sur l'insuffisance circulatoire. Elle « marche » au deuxième degré en rétablissant un retour veineux correct. L'action est double, l'injection d'un mélange de produits *in loco*, c'est-à-dire juste au niveau des sites, permet des concentrations importantes de produit actif et un certain effet retard dans la distribution des médicaments. Les injections à 4 mm sous la peau permettent une réaction de stimulation vaso-motrice et une certaine dilacération des fibres conjonctives.

Attention cependant :
— les produits employés ne doivent pas être trop nombreux car on ne connaît pas les interactions entre plus de trois médicaments dans une même seringue ;
— les produits ne doivent jamais être des diurétiques ou des hormones ;
— on ne doit jamais vous piquer avec des appareils multi-aiguilles qui sont impossibles à stériliser ;
— c'est une injection de médicaments au libre choix d'un médecin et seulement d'un médecin, les cas varient ;
— vous ne devez jamais avoir de « bleus » ; si ce n'est pas le cas, c'est que la technique est mauvaise. Il est par contre possible les trois ou quatre premières fois d'avoir un petit rond de 3 à 4 mm de diamètre aux points d'injection, traduisant la médiocrité de la micro-circulation.

La mésothérapie améliorera toujours la circulation et la micro-circulation, très souvent l'état de la peau, et parfois ne pourra rien sur le volume. Son action, encore une fois, ne porte que sur la composante circulatoire et pratiquement uniquement sur elle. Il est difficile d'en prédire a priori le nombre de séances et les résultats. On pratique entre 8 et 15 séances à raison d'une séance par semaine, il ne sert à rien de s'obstiner si rien ne s'est passé à la 15e séance. Les résultats seront jugés environ 1 mois après la fin du traitement en raison de la réaction micro-inflammatoire entraînée lors de toute effraction de la peau. Si les bons résultats sont de l'ordre de 70 pour 100 sur l'aspect, c'est à 99 pour 100 que sont améliorées les insuffisances veineuses micro- ou macro-scopiques. Les injections sont plutôt désagréables que douloureuses, l'aiguille faisant 4 mm de long pour 4/10e de mm de diamètre.

Les méthodes chirurgicales.

La lipectomie appartient au passé. Cela consistait à racler la graisse sous-cutanée en passant par une grande incision cutanée qui tentait de respecter le pli de la fesse. Elle peut encore être pratiquée pour les énormes cellulites invalidantes.

La liposuccion, technique récente mise au point par le Dr Illouz, permet de supprimer de 1 litre à 1,5 litre de cellulite par cuisse. Une incision minime est pratiquée par laquelle est introduite une canule présentant à son extrémité un couteau rotatif et un aspirateur qui permet de remodeler la cuisse. Cette intervention se pratique le plus souvent sous anesthésie générale. Son résultat est fonction de la qualité de la peau mais surtout de la technique de l'opérateur qui doit enlever la graisse non seulement régulièrement sur le pourtour mais aussi symétriquement. Les chirurgiens disent avoir 90 pour 100 de bonnes réussites. Je ne dois pas avoir de chance, les beaux résultats que je vois sont nettement inférieurs...

Ce qu'il faut fuir à tout prix.
Ce sont les méthodes de régime appartenant à la panoplie du rêve et de la crédulité. Les régimes draconiens ou déséquilibrés, les cures amincissantes à base d'extraits thyroïdiens ou de diurétiques. Ces « faux amis » font temporairement maigrir, détruisant la santé, mais la cellulite persistera, risquant même d'être aggravée.

La prévention.
Le seul bon moyen d'éviter la cellulite est d'avoir une bonne hygiène de vie comprenant une alimentation correcte, un minimum d'activité. Lutter contre les facteurs de stase circulatoire : éviter les talons très hauts ou très plats, les bains chauds, le soleil directement sur les jambes surtout si l'on est au repos, éviter le tennis, le jogging et la descente des escaliers à pied (mais vous pouvez les monter) préjudiciable à la paroi veineuse. Faites de la natation, faites traiter votre circulation.

L'important est d'essayer de reconnaître la cellulite à son début afin d'en contrôler l'évolution et d'éviter qu'elle ne s'aggrave. Cela commence dès la première enfance, moment de la vie où l'alimentation du bébé pourra conditionner ses fonctions cutanéo-graisseuses pour le restant de ses jours. Il faut également surveiller les étapes de la vie hormonale, dépister les troubles de santé, en parti-

culier dans le domaine de la nutrition et de l'assimilation.
L'adolescence et la ménopause sont des périodes critiques.
Et surtout fuyez les pâtisseries ainsi que la mollesse et le
culte excessif de la paresse physique, le farniente quoi!
N'oubliez pas aussi votre programmation génétique, elle
vous fait ce que vous êtes.

Conclusion

Maigrir n'est pas difficile, telle sera, à l'image de nombre de mes prédécesseurs, la conclusion de ce livre. Cela n'a certes rien d'original mais seuls les médecins le disent et il semble que l'information ne parvienne pas à passer dans le public. Il faut bannir le mot régime dans son sens triste, il faut renoncer à croire que maigrir égale tristesse. J'ai eu la chance d'avoir pour patients un certain nombre de chroniqueurs gastronomiques. Leur métier est de manger dans tous les restaurants de France et de Navarre. Ils ont poursuivi leur métier, ils ont perdu des kilos parce qu'ils ont compris. Un plat peut être bon et ne pas faire grossir, un plat peut baigner dans le beurre et ne pas être bon.

On peut aimer ou non la cuisine dite nouvelle, elle n'est pas une mode mais un phénomène de société, elle correspond à un besoin vital de survie, elle gagnera inéluctablement du terrain. Cuisine nouvelle ne signifie pas grands chefs et toques, cuisine nouvelle veut dire nouvelle façon de faire la cuisine, et si c'est une mode vous feriez bien de la suivre rapidement car il n'en va pas seulement de vos 3 kilos de plus cet été sur la plage mais de votre vie. Mourir peut ne pas être grave pour vous, après tout seuls les vivants vous pleureront, vivre avec la perspective d'un quatrième infarctus ou avec les suites d'un accident vasculaire cérébral est beaucoup plus difficile à assumer. La bouffe donne une mort lente, il n'est jamais trop tard pour y remédier. Ce mille et unième livre sur le sujet est une pierre de plus à l'édifice, puisse-t-il contribuer à une prise de conscience qui durera plus d'une semaine après qu'on l'aura refermé.

TABLE DES MATIÈRES

Aubin Imprimeur
LIGUGÉ, POITIERS

Achevé d'imprimer en mai 1987
N° d'édition 7308 / N° d'impression L 23062
Dépôt légal, mai 1987
Imprimé en France

ISBN 2-246-36801-4